A WAY
—— TO ——
LAWYER'S EXCELLENCY

团队为王

打造卓越律师团队

徐菲繁 著

COLLABORATION
POWER

北京大学出版社
PEKING UNIVERSITY PRESS

图书在版编目（CIP）数据

团队为王：打造卓越律师团队/徐菲繁著. —北京：北京大学出版社，
2022.12

ISBN 978-7-301-33540-6

Ⅰ.①团… Ⅱ.①徐… Ⅲ.①律师业务—中国 Ⅳ.①D926.5

中国版本图书馆 CIP 数据核字（2022）第 197786 号

书　　　名	团队为王：打造卓越律师团队	
	TUANDUI WEIWANG：DAZAO ZHUOYUE LÜSHI TUANDUI	
著作责任者	徐菲繁　著	
责任编辑	陈　康	
标准书号	ISBN 978-7-301-33540-6	
出版发行	北京大学出版社	
地　　　址	北京市海淀区成府路 205 号　100871	
网　　　址	http://www.pup.cn　http://www.yandayuanzhao.com	
电子邮箱	编辑部 yandayuanzhao@pup.cn　总编室 zpup@pup.cn	
新浪微博	@北京大学出版社　@北大出版社燕大元照法律图书	
电　　　话	邮购部 010-62752015　发行部 010-62750672	
	编辑部 010-62117788	
印　刷　者	北京宏伟双华印刷有限公司	
经　销　者	新华书店	
	650 毫米×980 毫米　16 开本　19.25 印张　234 千字	
	2022 年 12 月第 1 版　2024 年 6 月第 4 次印刷	
定　　　价	68.00 元	

谨以此书献给蒋勇律师

您一直都在，
从未离开…

第一章 用领先的人力资源管理理念打造律师团队

第二章 招聘管理篇：专注精准选人

这是一部可能颠覆传统的新书。

之所以如此断言，是因为本书提出了一个我们司空见惯的问题——律师团队管理。

这正是我答应为本书写序的重要原因，因为这是一个值得探讨与研究的问题。当然，同样重要的原因是出于本人对年轻人的支持与期待。本书作者拥有一个很有深意的名字——徐菲繁，我猜想其父母希望她成为非凡的人。

其实，还有一个更加重要的写作动力是，这一切与蒋勇律师有关。

前不久，在天同律师事务所迎来 20 周年所庆之际，我应邀写了一篇纪念文章，题为《我为天同所写楹联花了多长时间？——我与天同所二十年的有趣缘分》。文中自然要提到我为天同律师事务所撰写的那副楹联——"天降天才乃天降，同行同志为同行。"

这是一首藏头贺联，字里行间表达的是我对天同律师事务所的美好祝愿与期望。楹联中，第一个"降"字应读"jiàng"，第二个"降"字则读"xiáng"。同理，第一个"行"字应读"xíng"，第二个"行"字则读"háng"。这样一来，上下联的最后一个字自然押韵，意为：天将降大任于天同也，因为上天都被天同的天才品质与奋斗精神降服了；只有志同道合的人，才能称为同行，才能成为同行者。所以，只有一路同行同频，方能抵达成功的终点。

本书作者徐菲繁律师虽然很年轻，但却很老到，很有责任感和使命感。用她自己的话说："这本书是献给蒋律的。我于今年元旦已经回到了律师岗位，是天同律师事务所上海互联网板块的合伙人。我只想用这本书，继续完成我未尽的使命与宏愿，也是报答蒋律的知遇之恩。"

本书是徐菲繁律师自 2018 年以来在律师行业践行领先人力资源管理、团队协作、领导力输出等方面的观察与思考，她说希望用文字为中国律师行业的管理作一些贡献。

可以说，本书最大的贡献就在于，作者从新一代律师管理者的视角提出了一个重大命题——重新定义律师团队。

我依稀记得，二十年前我在担任《中国律师》杂志社总编辑主持中国律师论坛期间，曾经提出了一个"12345 现象"。其内容就是：一个人执业需要奋斗，两个人执业需要配合，三个人执业需要分工，四个人执业需要协调，五个人执业需要管理。既然五个人执业就需要管理，那就说明律师管理非常之重要。从某种程度上说，我们每个人时时刻刻都在接触"管理"这件事。因为我们每个人都被困在自己的"管理方法"里。所谓"知易行难"，要想做到，前提是应该知道。

应该知道什么呢？对律师管理来说，那就是律师管理是什么？律所管理是什么？为什么需要律所管理？对本书作者来说，她最想知道的是，律师团队是什么？团队管理做什么？

著名管理大师彼得·德鲁克（Peter F. Drucker）说：过去的方法，

管不了现在的人。同样，本书作者也撇开了所有的争议，另辟蹊径提出了"重新定义律师团队"这个事关律师管理的重大命题。

所谓重新定义，就是需要对"律师团队是什么、律师团队要什么、律师团队做什么"，重新进行梳理与明确。这是一本解决了律师团队定义、明确了律师团队含义、把握了律师团队意义的非凡新作。

首先，这是一部解决了律师团队定义的非凡新作。打开本书，作者开门见山，首先在"前言"中提出了"何为律师团队？"这样一个基本问题。因为厘清律师团队的定义，是为了选择更适合其发展的工作模式。这是所有管理制度和人力资源管理理念落地的前提，更是领导者战略选择的结果。通过实证研究与深入分析，作者得出结论：所谓律师团队，就是由 3 至 12 位具有共同目标，愿意为了实现这个目标将自己的个人利益暂放一边，并对这个目标负有同样责任的一群人。诚如作者研究认为，"团队"并不是一个组织架构，与其任命、岗位内容、身份无直接关系，而是团队成员之间真正做到物质共享、文化共识、精神共鸣，通过有效协作而最终达成目标（或愿景）的组织形式。显然，共享、共识、共鸣是律师团队成立运行与实现目标的主要前提。具备了这个前提，律师团队才能真正地共创、共建、共进。

其次，这是一部明确了律师团队含义的非凡新作。通过五年的探索实践，作者总结出"如何打造一支高绩效、高产出的具有凝聚力的律师团队"之管理模型，最终形成了律师团队的基本含义。换言之，律师团队到底必须要什么、律师团队究竟应该有什么。在作者看来，标准的律师团队应该有一个优秀的领头人、一批各显其能的团队成员、一套领先的人力资源管理方法与技术。如果真正具备了这些要素，才能算是一个聪明且健康的组织。判断一个组织是否健康，就在于这个组织拥有最少的办公室政治、最高涨的团队士气、最高效的工作完成度、最低的优秀团队成员流失率等要素。所以，作者认为，高创收的律师团队与低创收的律师团队对未来发展影响的差距，并非取决于组织的聪明程度，而是取决于组织的健康与否。这个差距与知识技能、专业证书、学历学位等因素之间的关系不大，而在于其内涵与内含。可见，律师团队既不是人数的组合，也不是人员的凑合，更不是人力的集合，而是人才的整合与融合。

最后，这是一部把握了律师团队意义的非凡新作。本书最大的看点与意义是对律师团队的定义与含义进行了重新梳理和界定。这个让人耳目一新的律师团队，既不是我们常见到的共享一个品牌的总分所，也不是我们常说到的一体化公司制律所及下设的不同业务板块团队，又不是我们常听到的超级大所中以某位合伙人命名的百人团队，也不是我们常谈到的合伙人带几名授薪律师的工作小组，更不是我们常看到的不同合伙人之间因合办一个案子组成的项目组……在颠覆了一切传统概念之后，作者认为，只有具备了为团队利益而作出贡献的"共同负责"意识，只有具备了为了团队目标而放弃个人利益的有效协作行为，才是真正意义上的律师团队。如何打造卓越的律师团队，从而达到团队协作的目的，最终又要靠领先的人力资源管理，因为领先的人力资源管理理念，将为律师团队整体的心理状态、组建方法、激励机制乃至行为模式，带来全新的可持续竞争力优势。

多年前，我曾经说过：律师这个职业，其实是一个看起来很美、说起来很烦、听起来很阔、做起来很难的职业。过去我强调的是律师执业之难，现在看来律所管理更难。由此，我相信本书关于律师团队研究成果的呈现，一定会对现代律所管理提供更多的参考借鉴价值。甚至还可以说，这种价值有可能会给中国律所管理带来颠覆性的改革与突变性的发展。

是为序。

《法治时代》执行总编辑　刘桂明

2022 年 9 月 16 日

"我是人力资源领先战略在律师行业的布道者！"

菲繁在说这句话的时候，眼睛里是带着光的，能感受到她是发自内心的，连我和我的同事们都被感染了，也让我们对这么多年积累下来的理念和方法更加自信。

结识菲繁，是在几年前，她听了我的一次分享。之后，她就购买了当时我们出版的所有书籍，并且来南京参加了我们所有的培训课程，不仅如此，她还逢人就推广我们的理念和方法，成了德锐咨询的"推广大使"，或者如她所说，成为一名"布道者"。我经常跟菲繁说，"你是律师行业最懂人力资源的"，每当这时候，菲繁总是会笑着说，"我还是人力资源管理者里最懂法律的"。

在我们刚认识的时候，她就已经是一个律师团队的合伙人，专注于互联网法律服务领域，那时候的菲繁有着非常不错的收入。所以，当她来咨询我关于加入天同律师事务所去做人力资源管理工作的时候，我劝她要谨慎考虑。一方面，收入减少了；另一方面，她要放弃自己之前擅长的法律职业与领域，进入人力资源行业，这是在改变赛道！这个领域，意味着要帮助组织推动变革，充满挑战。这种身份的转换，对她个人的发展有极高的风险。但最终，她还是毅然跟随自己的内心，加入天同律师事务所，做了律所的 CHO（首席人力资源官）。她能作出这样的选择，一方面，来自于天同律师事务所蒋勇律师的感召；另一方面，她希望将企业界人力资源的领先理念、方法和工具引进律师行业。这些年，我看到菲繁一直在为律所人力资源管理的普及和能力提升默默地努力着，不论是白皮书的调研、公众号的开设还是书籍的撰写，她对律师行业的人力资源管理水平提升怀着执着的使命感。

律师行业也需要人力资源领先战略

在菲繁的推动下，2021 年德锐咨询与智合法律新媒体、菲繁三方一起开展了一项关于律所人均创收和人才管理的研究，并联合发布《人效倍增——中国律所高质量发展之路》白皮书。在白皮书中，通过对 258 家律所人均创收和人力资源管理的研究发现，律所和企业的高质量发展之路是相似的。在这 258 家律所中，人均创收高的律所在内部管理上呈现出八大特征：

特征一：选人标准清晰有共识；

特征二：选人注重"冰山下"的素质；

特征三：注重律师的团队协作；

特征四：注重合伙人的领导力；

特征五：薪酬竞争力强；

特征六：注重人才培养；

特征七：注重战略目标共识；

特征八：注重专业化人力资源建设。

这些特征和做法都与德锐咨询提出的"人力资源领先战略"高度一致。"人力资源领先战略"是指，在企业的各种资源中，如果在人力资源方面优先投入和配置，就会给企业的发展带来事半功倍的效果。尽管我们不断听到律所管理者强调律所与企业之间的差异性，但从人均创收高的律所的实际做法来看，不论是律所还是企业，对人才管理和组织协同投入更多的组织，人效也更高。在调研的基础上，我们也对律所管理的现状和趋势进行了标杆研究，研究结论更加坚定了德锐咨询和菲繁的判断——律所需要"人力资源领先战略"的理念、方法和工具。这也是菲繁向律师行业力荐人力资源领先战略的原因。

从"律智非凡"到《团队为王：打造卓越律师团队》

"律智非凡"是菲繁很早之前建立的公众号，在这个公众号上，她坚持发表自己的独创观点，一篇接着一篇，字数近 20 万字。其中有律师行业的管理轶事，有她对律师行业管理水平提升的严肃思考。一篇篇文章，让我们看到，她很认真地将人力资源领先战略在律师行业落地，为律所和律师团队的管理升级助力。其实，在一个高智商、高度理性且习惯了"提成制""奖金包"的群体中谈论系统的人力资源管理，是短时间内难以被接受的事情，但菲繁一直在坚持，赢得了上万粉丝的关注。她的这种韧劲，尤其让我钦佩。

很早的时候，菲繁就有将"律智非凡"公众号上发表的文章结集成书的想法。2020 年，菲繁开始动笔补充、修改，今年 5 月的一天，突然收到她的消息，"我的书稿写好啦！"原来她利用疫情期间在家隔离的时间，完成了书稿的撰写、修改。

我读完她的书稿，内心的感动油然而生。书中处处都能见到人力资源领先战略这一理念的影子，人才画像、"345 薪酬"、团队绩效、发展面谈……

　　她以知识产权律师的职业习惯多次问我："这样引用德锐的观点，你不会介意吧？"

　　我每次都回答："有人宣传我们的理念，我们求之不得。其实我们提出的人力资源领先战略，也是萃取了西方领先的管理理念和中国企业的成功实践，'2040年，让中国人力资源管理领先世界'，是德锐咨询的使命，提升律师行业的人力资源管理水平，是我们共同的心愿。"

　　我也从书中看到了菲繁的创新，她用一个个实操故事，用自己真实的体悟，用律师行业易懂的语言表述，向大家传达她的观点。

　　能感受到菲繁写书过程中的用心，虽然多数是已经在公众号上发表过的文章，但她仍然修改了不下五次。为将企业界领先的人力资源管理理念传递给律师行业，她的确做到了竭尽全力。

　　能让更多的读者看到她用心表达的观点，学习到领先的人力资源管理的理念和方法，是我们共同的心愿。所以，我很乐意将这本书推荐给大家。

德锐咨询董事长　李祖滨

2022 年 8 月 25 日

这是一篇拖延了很久的序言。

不是因为无话好说，恰恰相反，是因为要说得太多。

2018 年开始，我已借助智合、私塾、EMBA 等平台对外输出一些我对管理（包括律所管理）的观点，一个核心的观察是：很多律所的管理者都是由优秀的专业律师转型而来，在其成长过程中，很少系统性地学习过管理知识，律师团队更多还停留在业务管理的浅表层面，而对于战略管理、客户管理、知识管理、人力资源管理、财务管理等，普遍缺乏深入思考和系统梳理，突出的表现是：在宏观层面，律所管理者普遍缺乏关于市场的中长期战略规划，而过度热衷于探讨技术性的分配问题；在中观层面，普遍缺乏对于律所组织形态的设计和创新，而过度沉迷于人员的考核问题；在微观层面，普遍缺乏对人和心理的敏感，而过度关注对事和效率的要求，缺乏对组织沟通重要性与艺术性的重视。太多律师重复过同样的观点，"律师管理只要懂业务就可以了"，"律师管理者不能脱离业务"，"律师团队人数有限，没什么问题是一顿火锅解决不了的，如果不行，那就两顿"……每次听到类似的说法，我都切实地感受到，很多律师团队，甚至律所仍然停留在农业社会的刀耕火种的团伙阶段，距离现代专业服务的组织型态还有很遥远的距离，灵感型、经验型的领导者遍地皆是，但是专家型、认知型的管理者却普遍缺乏。很多"业而优则管"的律所管理者私下向我坦陈：律师在专业上越是优秀，在管理上可能就越会感觉无力，传统管理思维已经越来越不能适应于新时代的管理特点，一大批专业律师在事业发展需要团队杠杆的关口，都急需一套适应律师行业特点的管理思想和管理工具，而我们的律师行业似乎至今还没有这样的产品。

徐律师的出现恰好弥补了这一遗憾。

人力资源是一门专门的学问，律师行业有自身的独特性，但只要是立基于人，其核心的管理思想不会有太多根本性的不同，作为一个历经过大型企业 HR、团队负责人、律所管理者以及著名的天同律师事务所首席人力资源官职位的徐律师，这正是她最能为中国律师行业提供的唯一性价值。

这种期待和信任并非空穴来风，认识徐律师是在徐州的一次培训活动现场，此后我们又多次见面，并一起赴日本等地进行过国际游学考察。我曾经多次听过徐律师关于团队管理的现场分享，其中一次是在镰仓，她面对若干团队负责人，仅仅用了十五分钟的时间，讲解了一个团队招聘中的普遍痛点"招聘中如何根据人才画像识别优秀人才"，就立刻吸引了所有人的关注和强烈反响。可能很多管理者都有这样的困惑，就是在面试中不知道如何提问才能获得有效信息，并借此识别对方是否团队真正需要的人才，比如，怎样才能问出对方关于薪酬的合理期待？一般而言，我们的提问方式都是：你期待的薪酬是多少？对方的回答肯定要么闪烁其词，要么不合情理，根本无法问出对方的真实想法，但徐律师告诉大家，完全可以采取反向提问的方式探知对方底线，你可以问他："如果我们团队的薪资低于多少，你就不会考虑这个 offer？"往往这样的提问可以迅速挤掉套话和空话，问出对方真正的底线。类似这样非常可行的实操方法在她的授课中俯拾皆是，当时我就感觉，如果徐律师能有时间把自己关于团队管理的经验结集成书，将会对整个行业作出巨大的贡献。

当我把这个想法和徐律师交流的时候，没想到和她一拍即合。她早已有此打算，甚至早有根据自己的 HR 经历规划自己职业生涯的想法，这是她热爱且擅长的领域，没有理由放弃自己的唯一性而去做可以被替代的专业律师。我暗叹：如果徐律师按照自己设计的路线发展下去，从此中国律师界就可以成批地出现将管理作为一门专业的职业经理人，可以科学地、系统地、深入地构建律所组织，我以如此宏伟的蓝图和高远的理想与徐律师共勉，也得到了她深切的共鸣。

于是，在加入天同，一分钟要掰成两分钟使用的忙碌工作中，徐律师见缝插针地将其刊载于公众号上的文章，重新整理、撰写成这本《团队为王：打造卓越律师团队》的书稿，不出半年，一部内容扎实的书稿就呈现在我的案头。我不得不佩服她的执行力和做事的效率。翻开目录，我就感觉这本书正是我所期待的内容。所有章节都紧扣"人"的逻辑，将"招人、用人、留人和育人"四大板块用极具针对性的问题加以深入分析，将在企业界已经行之有效的各种管理工具，结合律所场景进行案例化的讲解，尤其是在写作方法上，以现实痛点问题做导引，以观念误区澄清为前提，以落地工具方法为依归，可以说是一门简明有效的律师团队 HR 管理手册，可以实现按图索骥一般的工具书功能。书中很多章节内容都具有极强的现实针对性，比如"用'345 薪酬'模式提升人效"一节。很多团队都面临一个现实问题，就是员工抱怨工资待遇太低，而老板则抱怨员工薪资支出过高，这个矛盾究竟是怎么产生的？薪酬究竟怎么设计才更合理？我在给律所做咨询的时候，也曾经遇到过类似的问题。当时我采取的办法是和所有团队成员一起座谈，调查每个人对工作状态和薪资水平的期待，比如，期待薪资稳定但不希望加班的和期待薪资提升也可以随时加班这两类，通过其主观愿望设置不同的流动岗位，然后在薪资总量不变的前提下向愿意做更多机动工作的成员倾斜，这项改革后来取得了很好的效果，但是徐律师在这本书里就提出了更为明确的管理思路，也就是所谓的"345薪酬模式"，给3个人发4个人的薪酬，创造出5个人的价值。"3"可以帮助团队选择合适的人，"4"可以对合适的人加大激励，而"5"则让团队创造更高的价值，这一被许多优秀企业和世界500强公司采用，已经被实践反复证明的薪酬管理模式可以告别老板和员工双方均不满意的"低薪苦循环"模式，让一些基于直觉的管理做法可以得到理论支撑和细节的完善，从而执行得更加坚定，取得更好的效果。书中类似有启发的地方还有很多很多，有更深需求的读者，也可以根据该书提供的各类管理工具，如Everything Disc、SWOT、STAR模型，进一步深入研究人力资源管理的一般理论，甚至可以带领团队成员一起参加徐律师组织的FDT工作坊。

多年前，我曾和蒋勇律师说过一句话：这个世上最宝贵的资源就是人。人找对了，此事不成，必成彼事。这句话后来在多个场合被蒋律师反复引用，如此，斯人已去，空留遗恨。序言的最后，愿以此句，与徐律师此书，一同致敬蒋律师的精神，并期待徐律师沿着天同已经开拓的方向，为中国律师业作出更多属于自己的独特贡献。

中南财经政法大学法学院教授、博士生导师、南湖特聘教授　陈少文
2022年11月12日于武汉如释书房

初识菲繁律师是在深圳市律师协会的课堂上，她关于律师团队和律师事务所人力资源建设方面的问题，用可视化的分析图表一一列明。深入浅出的讲解使我这个不太爱学习的"坏学生"顿时手足无措，正式成为菲繁律师的粉丝。律师这份职业就是这样活到老、学到老，律师团队的组建绝对是一门学问，通过拜读本书感知良多，受益匪浅。用现在流行的网络语言讲，我们点赞加关注，双击不迷路！

——北京京师律师事务所总部投资合伙人　陈　曦

作为一位从传统"师带徒"的环境中成长起来的律师，蜕变的阵痛至今印象深刻，幸得菲繁的教练与辅导，助力我成长为温情与原则兼备的团队负责人，这让我更加坚信专业的力量。都说团队协作是一种选择，期待有更多的律师同人同行路上。本书从战略管理、组织健康到招聘管理、薪酬福利，再到每个律师都头疼的绩效考核，皆是人力资源管理在律师团队的落地方法。相信大家都将不负此行，洞明律智，照见非凡。

——北京德和衡（深圳）律师事务所高级联席合伙人　陈秀玲

本书作者既是律所人力资源管理的研究者，也是律所人力资源管理理论的传播者，更是律所人力资源管理的实践者。她不断研究学习人力资源管理的新理论，并与律所管理相融合，指导国内多家律所运用她的理念提升人力资源管理水平，我们就是其中的受益者。由于作者不间断的、无私的帮助和辅导，我们在不少方面走出了误区和困境，我们的人力资源工作有了明显的改善，也让我们全体合伙人对她心怀感激。现在，她将这些知识和智慧奉献给大家，一定会对真正有志于改善律所人力资源状况的律所管理者有所裨益。

——树人律师事务所创始人　陈　岩

律师是自带生产力工具的群体，因此律所人力资源管理的重要性就显得尤为突出。市面上介绍人力资源管理的书籍，多是从企业的角度出发提供解决方案。而本书作者既是资深的人力资源管理专家，又是多年的执业律师，具备独特的行业观察视角，有丰富的律师团队管理经验，呈现给读者的是一套为律师行业量身定制的人力资源解决方案。

——北京嘉观律师事务所主任　韩　雪

在律所这样的知识密集型组织中，"人"无疑是最重要的资产。如何获得优质资产、如何对资产进行有效配置实现持续增值，是每一位律所管理者、律师团队负责人必须面对的课题。而由于律所的组织特性，适用于一般企业的人力资源理论和工具往往难以在律所或律师团队管理中直接应用。本书作者结合其在企业和律所多年的人力资源管理经验，为律所管理者、律师团队负责人提供了一套易理解、可落地的方法论。希望更多律师朋友能从中受益。

——智合创始人、董事长、CEO　洪祖运

随着执业律师人数逐年攀升，法律服务行业间的竞争变得尤为激烈，律所如何招人、用人、留人、育人，是律所能否"站稳脚跟"的决定性因素。在本书中，作者以人力资源管理为切入点，通过科学的面试流程精准选人，通过设置合理的绩效管理制度、薪酬管理制度维护律师团队，从提升凝聚力等角度，为我们作了详尽阐述。

——北京恒都律师事务所创始合伙人　江锋涛

我曾经和无数的企业家聊过，我们的共同认知是，一个企业的最核心竞争力是人。因此，怎么吸引、管理、组织和激励人才，变成了顶级管理者最重要的任务。这几年，随着法律领域的竞争白热化，大数据和科技的普及，越来越多的律所开始重视人力体系的搭建，以及组织蜕变的科学化管理。菲繁律师是稀有的法律与人力领域融合性专家，在这个律所都急迫需要补课的领域，能够从浅入深，从概念到实操落地，系统性地分享她多年的认知与思考。希望这些宝贵的知识被更多的律师吸纳，推动这个行业更良性化的组织变更。

——无讼网络科技联合创始人兼 CEO　孔令欣

团队是管理者的镜子，以身作则，才能使众人行。带领团队的过程，与其说是帮助团队看到更多可能的过程，不如说是管理者反求诸己的过程。律师行业的人力资源管理工作不易且极为重要，它需要更广阔的视角、更现代化的理念，将赋能深入律所组织。很高兴菲繁的新书能帮助更多管理者，成为他们的镜子，为行业更美好而发光。

——广东齐家明鹏律师事务所主任　李　玮

菲繁老师曾经为我们团队做过"沉浸式"指导，虽心拙仅了悟一二，但仍让团队成员受益匪浅。她的理论、方法和实践经验，是律师事务所可直接落地的活教材。她的这本著作，在如何甄选需要的律所人才、打造高效协同的律师团队、构架科学的绩效管理体系、塑形实用的薪酬制度等方面都有独到见解，是律师事务所人力资源管理理论与实践结合的体系化教科书，可反复细琢，用以打造非凡律所。

——北京市炜衡（苏州）律师事务所主任　刘汉文

　　菲繁确实非凡，她填补了律师业团队管理教科书的一个空白。律所是最好管理的组织，它没有"人、机、料、法、环"的困扰，也没有"人、财、物、产、供、销"的制约，简单到只要有人就可营业。律所也是最难管的组织，在诸多生产要素中，人是最活跃的，尤其是"精英"人群。律所难管还有一个独特因素：律师集"股东、高管、工人"于一体，这种身份的叠加，最易导致规则与行为的冲撞，给团队协同带来更复杂的障碍。这本书，或许就是一把金钥匙，为同道者打开心锁！徐菲繁，或许就是划火柴的小女孩，为你点亮智慧人生！

——点睛网创始人兼主编　刘　卫

　　认识菲繁是惊喜，一位具有丰富人力资源管理经验的律师，比所有人资专家更懂律所管理的痛点，所以她提出的选、用、育、留方案能切实解决问题。这本书里的每一篇文章都值得深读、实践之后再读。律所合伙人既是专业高手，也是商业高手，祝读完本书后能成为管理高手，实现合伙人的更大价值。

——罗采那

　　律师队伍很少有人了解如何通过领先的人力资源管理打造优质高效的律师团队。徐菲繁不仅是一位优秀的律师，而且是最懂律师行业的人力资源管理专家。这里的"懂"，是从无数实战经验中积攒起来的——

她合作过的每一家律所、参与过的每一个项目，都为她的理论体系构筑了坚实的案例基础，这让她的经验更显难能可贵。现在你有一个很好的机会成为律所管理的高手，读完这本书，你就可以了。

——福建世礼律师事务所主任　罗曙光

成功的人才培养依靠的不是灵光乍现的创意、纸上谈兵的理论，而是立足于深入实践之上的一套科学打法。徐菲繁老师曾在我们律所人才建设遇到瓶颈的时候，用心引导我们完成组织健康修复，陪伴我们走出困境，重新起航。这本书，从行业痛点出发，向源头追溯，并在实战中反复打磨，既有理论支撑，又有落地方案，一定可以助力你成为律所优秀人力资源负责人。有人见尘埃，有人见星河，愿这本书，可以助你找到属于自己的骐骥。

——山东海鲲律师事务所创始人　马安强

平和而充满力量的菲繁，用坚定的语气告诉你"按照我说的做，就这样，打造你的律师团队"！

——西藏欧珠律师事务所主任　欧　珠

初上赛道，百端待举，重在立人。在天同遇到专业、诚挚，人力与律师业务双通、双精的菲繁，是我和团队一大幸事。一个团队，是无序、低效、内耗，还是珠联璧合、所向披靡，中间相差的，常常是团队管理这一环。菲繁的很多专业"秘籍"已在素日工作中令我们多有受益，此次系统整理结集成书，令人期待！

——天同律师事务所高级顾问　苏志甫

以律师人力资本为基础的律所，其管理的核心就是人力资源管理，而这几乎又是所有律所的发展瓶颈。菲繁写的东西一贯有品、好看、实用，作为资深的人力资源管理专家和躬身入局不久的律所管理者，此书是一份真金白银的见面礼，值得律所管理者细读。

——吉林大学法学院教授 孙学致

天同上海分所初设，回峰楼外，晴空如洗，第一次出现在我们面前的"律智非凡"的创始人竟然是个这么年轻、笑靥如花的女生。而接下来让我感受更深的是她的聪明、敏锐，对于提升律师行业管理能力和赋能人力资源的热情和决心。上海和深圳的距离，说近不近，说远不远，我们见面不多，但每一次她总能给我惊喜和收获。人力资源的专业能力自不待言，更难得的是律师与 HR 的双背景，使得她对律师内部环境的了解，如组织结构、业务流程，对外部环境的感知，包括行业趋势、客户需求、竞争对手，更有广度与深度，更能理解这个行业面临的管理困境，提出既有战略高度又接地气的建议和帮助。感谢菲繁，以本书再次为律师行业赋能。她在朝着自己的目标义无反顾地奔跑，相信她小小身躯中蕴藏的巨大能量，会辐射到这个行业更多的管理者。

——天同律师事务所合伙人 汤 竞

专业服务业的管理问题是个世界难题。如何让一群精英人士共创和谐组织，提升协同服务能力，获得个人与组织的良性发展，是中国律师业组织建设中的重要课题。徐菲繁女士的独特经历将"律师行业"和"人力资源管理"有机融合，通过实践研发出适合律师行业的一套组织管理方法，通过方法论、测量工具以及辅导课程等，从个人性格认知到团队搭建，帮助大家重新认识自己和别人，科学构建组织"基因"，从而实现良性合作和长远发展。这套律界组织建设"密码"，值得管理者共同学习，必有所获！

——律新社创始人、CEO 王凤梅

一个时代的开创，总会有启智的先知诞生；一个领域的升华，也总会有梦醒的先觉出世。菲繁律师便是中国律师界开创律所人力资源管理历史的拓荒者，她的著作问世也将是法律服务领域真正迈入人力资源管理规范化的里程碑！正所谓——去诡道，就天道，不朽立言，良知立命，江山社稷恢弘大义；审细情，达巨情，本色为事，达观为人，肝胆血性和光同尘。

——辽宁壹品律师事务所主任　王艳霞

从执业律师到国家一级人力资源管理师，再到头部律所的首席人力资源官，菲繁的确非凡。她致力于组织健康、团队管理、职业发展、团队绩效的研究和实践，多年来，将大部分时间奉献给了自己所钟爱的律师行业。揣着这份热爱与使命，本书应运出版，她从招人、用人、留人、育人四个角度详细论述了自己深耕行业后的真知灼见，相信这本书一定能为律师等服务行业的发展注入力量。

——上海申同律师事务所创始人　杨林兵

菲繁律师是一个闪耀且特别的存在，见过她的人都知道她绝对可以只靠颜值，却非要拼才华，她明明律师做得风生水起，却硬把人力资源搞成了自己的主业，在律所管理方面一路深耕、所向披靡！之前我一直关注"律智非凡"公众号，启迪颇丰，但终不敌这本系统传授律师管理经验的《团队为王：打造卓越律师团队》来得痛快！心血结晶，干货满满，诚意推荐！

——黑龙江博润律师事务所创始合伙人　杨培培

和菲繁老师聊天是一种享受，但也常常需要小小捏一把汗。因为她总是能精准指出问题，但是又用非常温柔坚定的眼神指引我和周围的伙伴怎样做更好的自己，怎样在组织模块中更好地发光发热。每次我都和菲繁老师说："姐姐，如果来北京请提前一个月和我说下，我先赶快约上时间约个饭，您出人民，我出币。然后在吃饭的时候拿个小本本，认真做笔记。""律智非凡"的每篇文章我都反复拜读，这次终于等到菲繁老师出书了，这一定是一本律师深耕行业、实现质变突破的必读书。

——无讼研究院常务院长 赵润众

在高端法律服务市场，最终比拼的是团队解决疑难复杂问题的专业能力和服务水平。人才，是核心竞争力。如何发现、招聘、培养、任用和留用优秀人才，如何让优秀人才进行协作进而发挥团队最大效能，是每个有"野心"的律所或团队必须面对和解决的痛点问题。作为菲繁的同事，我有近水楼台之优势，每向她请教人力管理问题时均有醍醐灌顶之感。她现将自己多年的学习、观察、思考、探索和经验整理成本书，定会给行业读者以共鸣和启迪。是以为荐。

——天同律师事务所高级顾问 朱加赛

作为徐菲繁律师"律所人力资源产品"的首个"启动用户"，从2017年至今，菲繁与我一起打造互联网法律服务团队。将团队从最传统的师徒二人建制，打造为有十余人规模，战斗力和凝聚力极为强悍，并且拥有电子证据实验室的行业"特种兵"。对此，我非常自豪。团队有今天的发展得益于具备很多优势，但在众多优势中，如果让我选出一个至关重要的因素，那就是菲繁引领和倡导的"团队组织能力与团队协作能力"。任何团队一旦拥有这种能力，都将所向披靡。而这，正是本书研究的重点！

——天同律师事务所合伙人、互联网法律服务团队负责人 邹晓晨一个人走得快，一群人走得远。每次谈到律师团队，我都会拿自己的父亲作例子——老徐律师自 1984 年以当年省最高分考取律师资格证，至今已有近四十年的执业经验，花甲之年仍"奋战"在一线。老徐律师未带过徒弟，也从未组建过团队，遇到大案、疑难案件时也只是合作办案，根据贡献分成。他四十年如一日地以一名独立律师的身份活跃在华东的刑辩舞台上，偏居一隅，小有名气。事实上，父亲这样的状态是中国律师很典型的一种存在。独立律师作为案源的开拓者、提供者、售后服务者，完全可以凭借一己之力做一名优秀的律师、成功的律师、高创收的律师。我在律师管理实践中，从不分析"需不需要建立一支团队"的问题，个人与团队，冷暖自知，自我裁定。"团队合作并非一种美德，而是一个选择——战略上的选择"，帕特里克·兰西奥尼（Patrick Lencioni）在《优势：组织健康胜于一切》一书中一再强调这个概念。"要不要组建团队"是打造高绩效团队的前提，是合伙人成为领导者的动机，是一种战略选择。因此，本书的目的并不是鼓励或劝诫各位律师同仁们去组建团队，而是当我们真正从实际业务出发，综合考量创收情况及个人领导意愿，决定建立一支高绩效、高产出的具有凝聚力的律师团队后，再开启这本书的阅读。请让我解释一下，为什么会这么说。

2018 年首次成为律师团队的合伙人至今，我接触过数百位在管理上有困惑的律师同仁，大家的问题都聚焦在如何运营一个高创收的团队、如何让自己提升领导力、如何管理好团队成员。然而，当我在给各位同仁作辅导的时候，逐渐意识到，并不是每个人都欣然接受我的建议或工具方法，或者即便接受了，也很难实践成功，这源于他们一开始想成为领导者或管理者的动机。大多数时候，律师同仁成为团队负责人或领导者的主要动机是看中因此所带来的回报。例如，晋升为合伙人或自己创建律所，是为了实现创收的突破，是为了证明自己的社会地位，或是因为受到某些"利冲"的制约……无论理由是什么，却都很少考虑"我为什么要成为领导者，我为什么要带领一个团队"，当他们看到履行职责和获得回报之间关系不大的时候，就不会遵守这个"岗位"的要求。于是，在团队管理层面就会出现种种问题，或最终怀疑自己建设团队的初衷，我经常听到一些主任或合伙人在遇到管理难题时说"我就想踏踏实实做案子，'管理'这件事情太头疼了"。因此，当我们启动这本书的阅读时，请各位能在心理上做好准备，我希望您能完全接受领导一个团队或者组织所面临的困难和应该承担的责任。从翻开这本书起，放下"骄傲"和"恐惧"。无论是成为一名卓越领导人，还是进行领先人力资源管理的实践，都是人生的一场修行，伴随着痛苦、挣扎与自我颠覆。

如果您做好了准备，并已经选择了"团队作战"，那恭喜您选择了一条通往更加伟大的、不再孤单的道路，这是一个惊心动魄的探索过程，充满活力与创意，未来的工作会是一个愉悦的过程，它所有的规则与程序，目的都是推动您和团队的共同事业的发展。

究竟何为律师团队？

确认团队的概念十分重要，这关系到我们采用何种管理模式，如何设计组织架构，怎样行之有效地落地本书提及的方法论。这也是律所战略选择与个体律师职业选择的结果，是青年律师在选择"我们为什么要在一起"和"我们要怎么样在一起"的核心。

目前，律师行业的分配模式还是以提成制为主、公司制为辅，还有一部分是提成制和公司制的混合制。我总是笑称提成制是"个体工商户联合办公"，每一位合伙人或者普通律师都是一个独立的核算单位，自带生产资料，自生自灭。在公司制律所或一体化团队，如果没有业务和组织能力支撑，各板块之间以及团队内部慢慢分流也都是常见的事。因此，探讨如何打造一支富有凝聚力的律师团队的方法论前提，是先定义"团队"的概念。我们来看几类在行业中常被称为"团队"的组合形式：

> 共享一个品牌的总分所

> 一体化、公司制律所以及下设的不同业务板块团队

> 超级大所中以某位合伙人命名的百人团队

> 合伙人带几名授薪律师的小组

> 不同合伙人之间因合办一个案子组成的项目组

> 共享一个高级合伙人点数但内部分账的组合

> 两位实习律师没有交集，但同时挂证在某位律师名下

……

日常工作中，无论规模大小，无论是否有紧密链接，我们都习惯将以上有链接点的组织称为"团队"。长期以来，由于团队这个词被律师

行业普遍误用和滥用，其影响力已经大大降低，导致很难厘清"真实团队"的概念。以上所列的七种形式，更像是《团队的智慧——创建绩优组织》一书的作者乔恩·R.卡曾巴赫（Jon R. Katzenbach）和道格拉斯·K.史密斯（Douglas K. Smith）所说的"工作组"，或者，是一个庞大人群构成的"团体"。

拉斯洛·博克（Laszlo Bock）在《重新定义团队：谷歌如何工作》一书中写道："任何团队的组建都可以遵循谷歌所采用的原则，但首先这是一个'团队'。"如果没有厘清自己领导的或所在的组织是一个真正的团队，大多数适用于"团队"的管理原则和工具就会失效。我的一位同事曾向我采购克服团队协作的五种障碍工作坊的课程，意在通过工作坊的训练增加团队凝聚力。但在完成团队人员结构、业务类型和团队协作现状调研后，我发现这是由两个不同业务方向的合伙人为了契合律所业务板块分类的需要，捏合而成的"团体"，而非本书方法论所适用的"团队"。这也意味着克服团队协作的五种障碍工作坊的工具不能适用于目前的组织现状。因此，我们最终达成一致取消了这个工作坊的邀约。在反馈时，我同事并没有因此感到沮丧，而是非常感激地说："我原以为是我管理能力不足导致团队协作效率低下，现在我才知道，是因为我们根本不是一个团队，所以不能用团队协作的模式去运营，对我来说，这本身就是一个最大的收获。"

"团队"的组成要素

1. 人数在 3～12 人之间

团队的人数尽量不要超过 12 人，8～9 人组成的团队效率最高。我在研究中惊奇地发现，篮球队、排球队、足球队的上场人数都在 12 人以内。纵观战争史，武力生存能力最强的罗马军队的基本单位编制是 10 人，也在 12 人以内。存在即合理。也许这些都是巧合，但超过 12 人的肯定不是一个高效率的团队。为什么？哈佛大学的克瑞斯·阿吉里斯（Chris Argyris）教授引入这样一个概念：团队有效决策是靠沟通来完成的，沟通由两个行为组成，分别是陈述和询问。询问要比陈述珍贵和重要得多。试想，合伙人在给团队成员布置任务时，团队律师对合伙人的陈述能提出问题，寻求更为明确的解释和确认，这就是"询问"。那这与团队大小有什么关系呢？当一个团队的成员超过 8 个或 9 个人时，陈述就变多而询问就变少了，这时候团队成员要么一味地接受指令，要么为了能得到更多的发言时间，全部用来阐述观点或宣布立场。人数越多，询问越少，基于团队协作之间的误差也会变得越大，但大家很少有机会来进行更深入的探讨沟通，只是堆砌一个又一个观点，这时候，误解、错误和协同效能低下问题就出现了。在大型团队中，每个个体会变得不理智，不再以积极的方式作出贡献的原因，是他们找不准自己的角色定位。

因此，总所和分所、本部和分部办公室、一个律所中的各业务板块以及百人的大团队，都不能称为团队，只能称为"团体"。

"我确实发现了，当我们的人数超过 8 个人时，我们的团队就不像以前那么高效率和那么亲切了，好像一切都变了。我的创始合伙人也常和我说，真想回到当初只有 7 个人的时候。"一位来访的主任听完上述观点后，如是说。

因此，合伙人们要避免将"吸纳成员"或"晋升合伙人"作为一种对团队成员的奖励，或者将其作为加入团队的一种诱饵，这事实上是缺乏智慧和勇气的一种体现。"我不能给你加薪，不过我可以让你加入合伙人梯队""你来我们团队，我让你当组长"，这些都是让应聘者加入团队的糟糕理由。律所如果在短时间内不能突破业务范围和规模，就应该严格把关合伙人晋升标准、延缓晋升等待时间、设置永久性的非合伙人职位，用领先的人力资源管理理念去强化"团队"效能，保持组织健康。

2. 共同负责

乔恩·R. 卡曾巴赫曾提出"工作组"的概念，我在课程中经常用"高尔夫球队"来形容工作组——出去打球，各打各的，在一天结束后聚集，将分数相加获得这个组的最终得分。这种形式，不叫"团队"。上文提出组团现象之一，例如几位律师将自己的账目挂在一个享有高分配点数或提成标准的合伙人名下，平时各干各的，到年底统计后分得自己应得的部分，不留存余；或者两名实习律师都挂靠在同一位带教律师名下，但事实上没有工作协同……这些组合，都不是本书定义的"真实团队"。共同负责是工作组和真实团队之间最重要的区别，因此最核心的区分方法是看团队律师之间能不能共同负责。

共同负责意味着团队成员需要暂时将个人利益放在一边，来确保团队利益的达成。例如，有凝聚力的团队成员会花很多时间共同解决超出他们正常职责范围内的问题，会在律所或律师团队需要争取整体的外部利益时作出牺牲，包括时间、精力、各类资源，即便这些问题可能与他们没有任何关系。在一体化律所中，"利冲"就是非常典型的"集体利益"的体现，当两个办公室或两位合伙人分别获得了对手双方的"入库"机会时，就需要站在集体利益的角度去作出取舍。出现这样的情况，除了挑战合伙人之间的"团队意识"，对组织利冲制度和管理模式也是非常大的挑战。还有一种"牺牲个人利益保全集体利益"的行动标准是，团队成员会在集体利益出现损害时，毫不留情地指出某位成员的缺点和不当之处，而不是一团和气让错误蔓延，尽管这些团队成员本可以避免某些麻烦回到相对安全的环境去做自己的工作，但他们仍为了团队利益作出贡献……以上基于"共同负责"的行为示例，都是判断一个组织或者小组是否"团队"的标准，工作组和"高尔夫球队"是不需要相互担责和共同负责的。

3. 共同目标

如果没有目标，什么风都不是顺风。关于团队的"共同目标"，有三层含义。

第一，这个目标属于团队共同的目标。例如，一家公司制律所中的每个人都在为律所获得当年某市 A 级律所称号努力，为了达到 A 级律所的创收、人数以及其他标准，所有成员的 OKR/KPI/分红/晋升都与此挂钩或形成对赌，没有人会说，"我该做的都做了，我们的失败不是我的责任"。

第二，团队需要分工，但大家要把分工后的目标看作共同的目标，就是组织的更重要事项需要设置为团队成员共有。团队中每个人的能力高低、岗位内容和业务方向都会有所不同，合伙人们有时为了快速达成结果，经常会依赖擅长某方面的人，基于团队成员的头衔和职责把不同的目标分派给不同的成员。这时候团队成员就容易缺失共同目标的意识，这是需要合伙人在分工层面有所认知和觉知的，以对齐团队共同目标为前提，做工作分工。

第三，如果一个团队有共同的目标，他们的薪酬或奖励结构的很大一部分，都应该以这一共同目标的实现为基础。例如某出庭律师承担团队大部分案件的代理工作，辅庭律师协助完成基础性工作，如庭审预案、证据准备等。当获得胜诉判决时，合伙人应注意不能因为分工的不同而只嘉赏出庭律师，应该以团队胜诉目标的实现为基础，对团队协作进行奖励。

至此，我们已经基本厘清团队的定义：由 3～12 位具有共同目标、愿意为了实现这个目标将自己的个人利益暂放一边，并对这个目标负有同样责任的一群人。厘清团队的定义，是为了选择更适合现状的作战模式，这是所有管理制度和人力资源管理理念落地的前提，更是领导者战略选择的结果。

"团队"并不是一个组织架构，其与任命、岗位内容、身份无直接关系，而是团队成员之间真正做到物质共享、文化共识、精神共鸣，通过有效协作而最终达成目标（或愿景）的组织形式。团队协作是一种战略选择，往往能把平凡的个人努力变成非凡的成功，无论是在数量上还是在质量上，往往远远超越一己之力所能实现的成绩的总和。戴维·尤里奇（Dave Ulrich）在《人力资源转型：为组织创造价值和达成成果》一书中提出："针对高绩效团队的研究表明，团队常常能充分利用普通个人才能实现卓越的集体成果，在面对高要求时，团队往往比单打独斗的个人更能找出好的解决办法。"我们当然不能忽略组织中的个人，但当我们选择团队作战时，就要把更多的精力和思考放在团队上。合伙人要帮助团队做好选拔、培训和职业发展，更多地关注团队而非个人的资质、经验和成就。用领先的人力资源管理理念，为团队整体的心理状态、组建方法、激励机制和行为模式负责。当我们选择团队时，团队协作就成为唯一一项可以持续下去的、有竞争力的优势。

金钱买不来团队协作，即使从世界上最好的商学院请来最有智慧的人，也不敢说一定能实现它，这需要一定的规则以及情感的力量。因此，实现团队协作不需要具备多么高明的智慧和大师般的技巧，关键在于勇气和坚持。在我们成功定义了团队并认可团队协作的功能后，我们再启动适合律师行业的管理手段和领先的人力资源管理制度，将事半功倍。

因此，我将个人十余年的企业人力资源管理经验，结合学习并获得认证的全球教练技术、会议引导技术、性格分析技术等的理论知

识，实践于律所及律师团队管理中。在近五年的摸索中，我总结出了
"如何打造一支高绩效、高产出的具有凝聚力的律师团队"的管理模
型（图1），主要分为三个层次，分别针对领导者、团队成员以及领
先人力资源管理落地的方法论及技术。

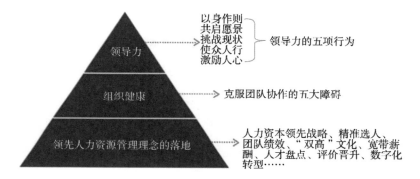

图 1　高绩效、高产出的具有凝聚力的律师团队管理模型

　　为了能横向造福于律师行业，并纵向在自己的天同互联网法律服务
团队中持续践行，几年来，我持续在法律行业各大平台以课程形式分
享，并持续在"律智非凡"公众号上进行文章的输出，也承蒙多位律所
主任的青睐与信任，开设了近二十场团队协作工作坊。目前已经有近百
位合伙人/律师获得了教练对话，上万名律师同仁成为律智非凡的粉丝。
除此之外，整套系统的第一个启动用户及最佳实践为我持续精进律所人
力资源管理的研发提供了巨大的资源与力量，那就是我与合伙人邹晓晨
律师一起打造的互联网法律服务团队。自 2017 年至今，我们将团队从
最传统的师徒二人建制转型变革至目前已经有 11 人规模，战斗力和凝
聚力极为强悍，并且拥有行业唯一一个电子证据实验室的"特种兵"团
队。多年来，邹晓晨律师近乎"盲从"于我的管理工具和方法论，在痛
苦中修炼自己的领导力，持续突破团队机能障碍，完全落地领先人力资
源管理方法论。互联网法律服务团队以典型的团队作战模式，将律师及

程序员两种不同思维模式和业务领域的人员集结在同一个团队实现高效协同，最终让法律和技术在团队内部形成闭环，减少团队内耗、提升团队效能，并于 2020 年成功建制进入天同律师事务所。至此，互联网法律服务团队借助律所强大的品牌影响力，持续占据互联网法律服务的顶端。

基于此，本书的成稿，要感谢很多人的贡献与帮助。这是一本共创之作，正如《高效能人士的七个习惯》的作者史蒂芬·柯维（Stephen R. Covey）博士所说："不是我发明了它们，而是这些原则本来就存在，我只是发现并且把它们有机地整理成一个最简单、实用的提升个人效能的操作系统。"

感谢彼得·德鲁克（Peter F. Drucker）、沃伦·本尼斯（Warren G. Bennis）、埃德加·H. 沙因（Edgar H. Schein）、拉姆·查兰（Ram Charan）、杰克·韦尔奇（Jack Welch）、吉姆·柯林斯（Jim Collins）、大卫·梅斯特（David H. Maister）、戴维·尤里奇、帕特里克·兰西奥尼、李祖滨、徐中、蒋勇等卓越学者和专家，我从他们的领导力思想、人力资源管理实践中受益匪浅，本书中也多处引用了他们的著作与金句。

感谢南京德锐企业管理咨询有限公司（德锐咨询）董事长、人力资源领先战略理论创立者李祖滨老师对本书的推荐。我自 2017 年受教于李祖滨老师门下，本书中关于企业领先人力资源管理的理念都源于德锐咨询"先人后事""聚焦于人"的理论成果，这些理论启发了我在律师行业人力资源管理理念的研发与落地。在这五年当中，李祖滨老师、胡士强老师、汤鹏老师、李永祥老师、贺耀慧老师等众多德锐咨询合伙人及咨询顾问都给予了我无私的指导与强大支持。

感谢中国民主法制出版社《法制时代》杂志执行总编、法宣在线总编辑、桂客学院院长刘桂明主编，中南财经政法大学法学院教授、文澜青年学者、南湖特聘教授陈少文老师的真诚推荐，两位老师如心灵导师，在我律师职业思维成熟的过程中给予了最强有力的赋能与引领！感谢洪祖运先生、王凤梅女士、刘卫总编、罗采那女士、赵润众校长的热情推荐，"律智非凡"理念的传播与推广离不开无讼、智合、律新社、点睛网、iCourt等法律服务平台、媒体的支持与合作！感谢陈秀玲律师、陈曦主任、陈岩主任、马安强主任、韩雪主任、江锋涛主任、刘汉文主任、李玮主任、罗曙光主任、欧珠主任、孙学致教授、王艳霞主任、杨林兵主任、杨培培主任等老朋友的认可与信任，让我能在不同地域、生态、运营模式的律所及律师团队人力资源管理的道路上不断实践、砥砺前行！

感谢天同律师事务所辛正郁主任、全体合伙人以及无讼科技有限公司CEO孔令欣先生及其团队等在工作实践中带给我的挑战、印证、启发、思考和鼓舞，是我不断前行的巨大动力！

感谢邹晓晨律师及天同互联网法律服务团队的新、老成员及天同律师事务所人力资源部的各位姑娘们，带给我关于"打造一支高绩效、高产出的具有凝聚力的律师团队"的温暖体验！

感谢过去五年间参与"克服团队协作的五种障碍""领越领导力""精准选人""律师团队打造"等律所人力资源管理培训项目及直播课程的学员、听众，以及"律智非凡"的常驻粉丝、读者，感谢你们的追随、包容和推荐，让我一次次在你们的掌声中获得激励与认可。

感谢方玉莹律师参与本书的校对工作，她为此付出了艰辛的劳动和大量时间；同时，方玉莹律师和薛丽娟女士作为"律智非凡"的编辑和品宣顾问，也在过去两年中作出了重要贡献，奠定了本书成稿的基础；感谢国际专业视觉引导师孙艳雯（Sara. S）专门为本书绘制的插图，让本书的文字更加视觉化、情感化。

衷心感谢北京大学出版社副总编蒋浩先生、责任编辑陈康女士和美编郝志燕女士；感谢梁珺媛女士、胡悦颖女士等多位朋友的信任和认可，你们的精心策划和专业建议，让本书更适合读者阅读。

　　本书的创作是一次共创之旅，智慧来源于律所及律师团队的实践，但由于时间原因及本人的学识有限，书中有漏欠及待补正之处，敬希各位同仁一如既往地指正赐教。

第一章

用领先的人力资源管理理念
打造律师团队

律师行业
人力资源管理困境

中国律师行业恢复四十余年来，规模化的律所和律师团队不断涌现，传统律师单打独斗的模式逐渐成为历史。律所和律师团队作为典型的人合组织，其业务特点、团队组织架构都决定了"人"才是律所最重要和宝贵的资源。人力资源管理日趋成为制约律所和律师业务发展的重要因素，甚至是决定性因素。

对人才重要性的最早洞见，始于管理大师彼得·德鲁克，其最先提出"人力资源"的概念。现代人力资源管理学发展于吉姆·柯林斯，其提出人力资源领先战略是 21 世纪的第一竞争战略。人力资源管理在企业运营中早已经上升到战略的位置，30 人以上的企业普遍设置独立的人力资源部，人力资源副总裁也开始跻身企业核心领导团队之列，人力资源管理部门岗位在企业运营中的地位和重要性逐年显现。华为、阿里的人力资源管理经验已成为各企业择善而从的经典教义。

从宏观上看，我国还没有制定律师产业政策，也没有系统、规范的律师职业管理体系。中国律师制度恢复四十余年来，虽栉风沐雨、蓬勃发展，但还没能跟上中国经济社会的发展步伐。现实中，青年律师的"老板们"大多是"订单"的开拓者、提供者、售后服务者，神龙见首不见尾，并没有多少时间参与管理和对人才进行培养，愿意投入时间并擅长律所管理的人并不多，单独设立人力资源部的律所就更为罕见。然而随着法律服务要求的增高、市场细分领域的出现，以及律师个人业务量的增大、业务模式的拓展、创收要求的增高，就需要开始思量如何"招人干活"，要不要"找人合伙"，能不能"合开律所"……因此，从"单打独斗"转为"组团作战"开始成为一种趋势。

当一名律师选择团队协作，人力资源管理的需求就应运而生了——招聘素质匹配、价值观相符的团队成员，减少组建团队带来的办公室政治和混乱，振奋团队士气从而保证高效率的产出，降低优秀团队成员的流失率，获得更高的委案率和胜诉率……这是每一位合伙人都期待的完美团队的状态。

律师团队普遍的人力资源管理痛点

（1）缺乏招聘渠道和人才画像，无法进行有效挑选，不能快速识别优秀与平庸的应聘者，招聘成本畸高。

（2）缺乏面试技巧，面试时只凭直觉和感觉，面试成功率低。

（3）无法设定有竞争力的薪酬标准，不知该如何进行有效激励。

（4）缺乏清晰的绩效评价标准，不能进行有效评价，"大锅饭"现象严重，或团队成员"狼性不足"。

（5）缺少合理的晋升机制，合伙人晋升难度大、时间长，青年律师无职业生涯规划培训，中高年级律师流失率高。

（6）缺乏内部培训体系，由于法学教育阶段的实践性不够，导致青年律师精力集中在业务能力提升方面，缺乏通用技能类培训，偏科生较多。

（7）团队成员之间很难建立信任与互助，表面和气，但工作上相互推诿，不能共担责任。

（8）面对低绩效团队成员时很难果断开除，缺乏离职谈判的勇气。

……

以上所列，均为现实中律师团队面临的人力资源管理问题。究其原因，是作为专业律师的律所主任或合伙人成为团队管理者后，缺乏领导团队与人力资源管理方面的科学理论与成功实践。

新法层出不穷，业务领域细分凸显，各类新事物暴增，案件收费严重"内卷"……事实上，外界市场环境以及法律知识更新已经对律师们提出了极高的要求，如果这个时候还要求合伙人们完成团队管理工作，成为团队管理高手、人力资源专家，显然给律所主任及合伙人提出近乎苛刻的要求。但我们不得不承认，这是律师职业成长的必经之路。因为当你选择成为团队的一员，无论是团队领导者还是团队成员，只要所在的团队或组织存在协同困难，即便每个个体坚持专业主义精神，也顶多成为一名优秀的"个体户"，而无法打造一个卓越的律所或律师团队，也很可能无法在案源的开拓和创收上形成优势。因此，正如本书前言中所述的"领导动机"的概念，如果准备好成为一名团队领导者，那么就需要去承担这个岗位上应有的责任和苦难。

2018年年初我正式投入律师行业人力资源管理研究后发现，中国律师行业对人力资源管理的重要性的认知已经开始形成，并早已从市面上的人力资源管理书籍中寻找解决方案，试图聘请专业的人力资源管理人员任职律所的管理岗位。蒋勇律师也早在2014年就提出"人力资源管理人员应该在律所提振重要地位"的观点。2020年以后，不断有法律服务机构为律所管理与领导力的普及和发展作出努力。

律所及律师团队为什么会存在困境？

1. 缺乏专业机构及专业人力资源专家对律所的研究

已经有不少律所主任、管理合伙人组织阅读管理学书籍，希望从书中获得真知。但无论是吉姆·柯林斯的《从优秀到卓越》、杰克·韦尔奇和苏茜·韦尔奇的《赢》，还是周锡冰的《华为方法论》，这些人力资源优秀理念和实践经验的书籍，都是以商业性企业为目标撰写的。大卫·梅斯特的《专业主义》《专业服务公司的管理》《值得信赖的顾问：成为客户心中无可替代的人》"三部曲"是最接近律所管理的书籍，但书中的案例更多集中于国外的律所或会计师事务所，提供给中国本土律师的可行性建议十分有限。

作为专注于研究中国律师行业人力资源管理理念的先行者，我最早于2019年年初在"少文私塾"进行对外分享，后于2019年年底创立"律智非凡"微信公众号，通过文章形式扩大传播范围，并由此在互动过程中获得了更多案例。但仅凭我的一己之力，并不能取得更为广泛的宣传与推广效力。即便承蒙各大法律平台的直播、授课推广，但要形成课程还受我个人精力的限制。当年蒋勇律师邀请我加入天同律师事务所任职业经理人的初衷，也是希望我能借助天同律师事务所的实践，向行业推广和复制。通过我的不断努力，2021年，德锐咨询董事长、人力资源管理专家李祖滨老师带领他的顾问团队，开始对律师行业的管理现状进行研究，与各大律所进行相关的访谈，形成报告后进行演讲与推广。在成功完成5—6家公司制律所的人力资源改革服务后，《律所人力资源管理白皮书》于2022年6月，在德锐咨询、智合与"律智非凡"的联合推动下向全行业发行。但事实上，目前针对律所或律师团队人力资源管理方面的专门研究很缺乏，不仅专业的人力资源公司尚未真正踏入律师行业，也鲜有律师同仁对人力资源管理产生兴趣、愿意投身这一"吃力不讨好"的领域。

因此，无论是市面上的书籍，还是人力资源咨询公司，目前都还没有真正帮助律所主任及合伙人从战略高度、经营角度形成基于本土律师行业的系统管理思维和整体框架，也因为中国律师行业现阶段的特殊性，直接照搬企业经验成为不可能的事。

2. 律师行业具有独特的"独狼性格"，不服管

律师是"专家型"职业，律师最显著的心理特征就是对自主权的强烈要求。能选择律师作为终身职业的人，内心都具有极强的自主意识、挑战意识以及对时间自由与财务自由的强烈期待。作为律师，不喜欢按部就班地做事，也不愿意加入有严格层级架构的组织，讨厌按照指示行事。因此，作为这个组织的管理者"只能管理团队成员们让你管理的东西"。

如果照搬企业的管理制度，律师们很容易形成"逆反"心理——"我为什么要同意你来管理我？""我为什么甘愿接受你为我的自由设置边界？""我为什么要同意承担更多的管理责任？"这三个直击灵魂的问题驱使我一定会在面试的时候确认应聘者对一体化的认知水平与认可程度。当然，这也倒逼律所主任及合伙人要厘清管理的边界和事项，同时加强提升情境领导力和架构组织的能力。

3. 无法跨越的鸿沟——"非律师"管"律师"

从"职业病"的角度看，人力资源专业人员关注"人"，律师关注"事"。因此，无论是人力资源专业的科班人员，还是富有企业管理经验的高阶人力资源部门经理，如果不熟悉律师行业的从业法则、分配规则，或摸不清律师的心理状态和成长经历，仅用传统企业的方式管理律师团队，例如打卡式的考勤要求、单一的薪酬体系、取巧的团队拓展训练、繁杂的考核评价机制等，都会遭遇职业"滑铁卢"，不仅会导致制度难以落地和推行，个人的热情和积极性也会受到严重打击。这跟律所人力部门成员的个体性格无关，而是行业规律，根源在于"你不是律师"。"律师证"就真的会让"阶级"产生？当然。原因是，律师这个职业，也就是那本"证书"是"专家"的身份证明，律师如果要赢得客户的信赖、让客户安心，必须时刻具备一种无所不能、无所不晓的气

场。人的行为是连续的，这种气场会渗透生活的各个方面，从而催生出自信及控制欲，人力资源管理专业人员和律师之间存在的不可逾越的鸿沟，事实上就是职业类型的"排异"现象。因此，律所人力资源管理部门或团队管理合伙人招聘困难，本身就是很现实的"律所招聘难"的现象。

胜于一切
律所的组织健康

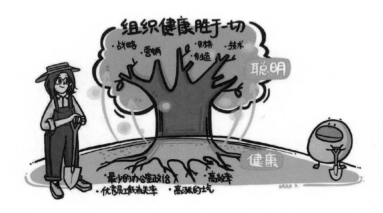

作为克服团队协作的五种障碍工作坊课程的 136 位国际认证导师之一，我致力于在律师行业推广并普及"组织健康"这一概念。

何为组织健康？

帕特里克·兰西奥尼在《优势：组织健康胜于一切》一书中说："成功的组织必须具备两个基本因素：一是聪明，二是健康。"就好比人的成功一样，聪明是指智商、情商与"灵商"，好的想法、正确的逻辑、准确的判断；健康是指身体机能的正常运转以及抵抗外界病毒的能力。组织的健康，是关乎"完整性"的。当一个组织保持完整、协调和一致，也即当组织的管理、运营、战略和文化实现有效的整合，它就具备了完整性，就是健康的。聪明但不健康的组织会擅长一些非常典型的基础营运，获得"决策"科学。而判断一个组织是否健康，就是在这一个组织中寻找能够显示其健康的迹象，比如最少的办公室政治、最高涨的团队士气、最高效率的工作完成度、优秀团队成员的低流失率等。

目前，中国律所及律师团队拥有的信息、技能和知识是富足的。高创收的律师团队与低创收的律师团队对未来发展影响的差异，与他们拥有的知识与技能、法考成绩、获得的专业证书、毕业院校及学历程度的关系不大。导致差别的原因并不是聪明的程度，而是健康与否。

何为聪明的组织？

律师行业是一个不缺乏聪明特质的行业，这也是专业性服务公司的特点。律师需要一直保持精英务实工作者的专家形象，需要为自己和团队寻求优质学校里最好的毕业生，需要不断深耕自己的专业知识……寒窗苦读、闻鸡起舞、披荆斩棘、卧薪尝胆，这些词用在每一位律师身上都不过分。我每次都是先分享"组织健康"的概念，再来诠释"聪明的组织"。每当我分享完"组织健康"的理念，在场的律所主任、合伙人们几乎能很快意识到组织健康和团队业绩之间的关系，他们往往会说："太棒了！如果我们律所能够拥有'健康'的特质，那一定会有巨大的改变！"我在过去很长一段时间里认为，这样的分享结束后，他们回到工作岗位上理所当然会在组织健康上投入大量时间、精力和注意力。确实，大部分律所主任都会在分享课当时就下单购买《优势：组织健康胜于一切》发给所有团队成员，还有的立马在沟通现场采购昂贵的克服团队协作的五种障碍工作坊课程。但事实上，当他们回到工作中，不到一周时间就会将所有行为偏向"聪明"的那一边，聚焦在创收、业务、市场、财务等方面。

律师具备高智商、高度专业、高业务素质，要通过研究和分析帮助客户就委托事项作出更明确、更好的决策，去服务他人。律师的工作，就是将聪明演绎到极致。大多数情况下，在律所及律师团队中，聪明占据了所有，而健康往往被忽视。

一个健康的团队一定会变得越来越聪明，这是因为在健康组织中的团队成员，不论是主任、合伙人还是小伙伴们，都会放下骄傲和恐惧、会相互学习、会识别关键问题并能够从错误中快速恢复，没有成员之间的相互消耗和捣乱，沟通效率极高，能齐心协力解决问题，达成案件决策，促成律所或律师团队的快速发展。

相比之下，聪明的团队似乎不能凭借智力变得更加健康。恰好相反，以专业知识和智力为荣的律师往往不愿意承认自己的缺点，过于自信而不愿意向他人学习，很难做到开诚布公。特别是诉讼律师，容易犯"抗辩一切"的错误，这样的思维习惯，导致他们无法从可能的错误中快速恢复，同时加剧办公室政治和混乱。这些例子并不是说聪明不可取，只是说"组织聪明"不能为"组织健康"提供优势。

可为什么虽然健康重要，但在律师行业中会被大家普遍忽视呢？或者，即便想努力调整到健康的状态，又很难呢？

帕特里克·兰西奥尼在《优势：组织健康胜于一切》中总结了三个偏见来解决这个问题：

复杂偏见：相较于组织聪明，对组织健康的理解是更容易的，但也之所以容易被忽视，是因为我们很难把组织健康看成战略优势，毕竟这不需要超凡的智力，只需要超出一般水平的规则、勇气和坚持。越是接受过良好教育的专业人士，反而越难接受这样简单而直接的东西。如果我们简单地认为组织健康训练中共创的"冲突契约""会议规则""团队有效性打分"等行为是军事化管理、过于复杂的管理手段，或者认为这是粗暴的、没有同理心的或没有"家文化"的表现，那就是将组织健康的要求复杂化了。

肾上腺素偏见：组织健康的打造需要一定的时间，就像减肥一样，没有一种方式可以一蹴而就，不然代价就是损害"健康"。但是，律师行业普遍存在短期利益主义者、急功近利者，这一点从行业缺少职业经理人就可以看出。在企业中，打造一个完整的人力资源管理系统大概需要三年，如果是华为、阿里这样的头部企业，从 0 至 1 建立领先的人力资源管理体系需要五年或更长时间。而律所的主任、合伙人们长期受肾上腺素成瘾的困扰，享受每天忙碌的工作和期待在管理上有立竿见影的效果，无法给组织健康打造者或职业经理人一些时间。以我过去在律师行业完成的近二十场克服团队协作的五种障碍工作坊为例，2

天的工作坊只是一个开端，后续还需要引导师 3 个月的陪伴与跟踪，能坚持下来的律所或律师团队会呈现巨大的变化。某西北律所 1 年内组织了 3 场工作坊，并坚持践行工作坊成果，1 年下来他们的团队状态出现了颠覆性改变，不仅团队成员之间能示人以真、高效沟通，律所创收即便在新冠肺炎疫情肆虐期间仍然同比增长 20%。而另一家法律服务公司的 CEO 也多次向我反馈，践行组织健康理念的半年间，公司又重新恢复了运营活力。而期待 2 天工作坊就能改变团队现状的一些主任，也确实感受到，只要回到工作场景且不去实践，一切终将归零。

量化偏见：成为健康组织的好处尽管很多，但这些好处却很难量化。组织健康的好处渗透组织的各个方面，但几乎无法做到准确衡量任何一个变量对创收的影响。所有人都会在健康组织打造的过程中感觉非常艰难与不适，但都会在 3～5 个月后看到组织的明显变化，却无法用数字进行衡量。对组织健康的感受需要一定的信念和直觉，但很多擅长分析的律所主任或合伙人很难接受或者无法等待改变的时间。

以上三个偏见，不需要我们考虑律所的运营模式。无论是公司制运营还是提成制运营，抑或选择"混合制"运营，"组织"这个词都是不可回避的共识概念。但凡我们希望把组织变大或变强，都要直面"组织健康"的问题，而在这个层面，任何人都要意识到不要进入这三个"偏见"的旋涡。

我在认证《克服团队协作的五种障碍》国际导师时，曾问过导师——美国圆桌咨询公司（The Table Group）副总裁戴维·辛普森（David Simpson）先生："这个理论有无法适用的行业或者组织么？"他回答："在美国，我基本不主动向三个行业推广这一理念，分别是医生、律师和教会。因为他们太独立了，而且不可一世，他们大多数时候不需要也不享受团队协作。"

原来全世界都是如此，听完后我十分沮丧。

但是戴维先生立即给了我一个拥抱，用他纯纯的美式英语告诉我：
"徐律师，你不需要担心，你去寻找那些愿意组成团队的律师们，团队
协作是一种选择，只要他们选择了，这就是他们所需要的！"

转悲为喜。

专业人力资源管理
是律所组织发展的
必然选择

律师行业很少出现独立岗位的人力资源管理人员，较为常见的是财务人员的岗位多责化，财务人员在财务工作以外协助签署劳动合同、缴纳社保、开具相关人事档案证明；稍大型的律所会专门设置行政经理的岗位，该岗位人员除了主责是对接律协、司法局，还会分担原由财务人员负责的工作。后勤人员预算高一些的律所，会设立一个"专员"的岗位，做入、转、调、离的基础人事工作。但专业的人力资源管理部门和专职的人力资源（HR）人员几乎不存在。律所无法在人力资源管理工作中投入过多的精力和财力，主要是受到行业特殊性和发展阶段的影响，原因包括：

首先，从宏观来看，提成制律所不是"团队"，即便是独立律师与律所，或者某合伙人带领下的一体化团队与律所，都无法达成共同的目标和责任，大家都专注于案件本身以及如何增加创收、怎么分账。这样的组织类型下，律所人员的构成很单纯，事实上如果律所不做理财项目，只需要一个成本会计或出纳即可。在这样的组织模式下，人才的"选、用、育、留"基本不存在，由财务人员负责事务性人事工作，即劳动合同签署和社保缴纳即可。所以，提成制律所不会专门设置人力资源管理部门，律师团队也不需要设置人力资源管理专业岗位。

其次，从微观来看，目前独立律师的数量仍然超过了成规模的律师团队。在"师带徒"的模式下，只需要朴素的管理理念即可运作，师徒之间当"家人"处，有事儿吆喝一声就行。蒋勇律师曾跟我分享四合院初建时候的状态，"当年人少，不到 15 个人，大家又都在一个院子里，每次要开会通知个事儿或讨论个案子，我就站在院子中央吼一声，大家就都出来了"。在这样的模式下，团队成员之间只要做好信息的及时互通即可快速达成目标，管理技巧和方法论基本无处可用，因此不需要人力资源管理，也不需要专业的人力资源管理人才。

最后，从律师行业的发展阶段来看，近几年公司制律所逐渐壮大，律所从"作坊时代"向"工厂时代"迈进，逐渐开始有明确的分工，职能团队形成，业务板块分割初现，团队内部也开始进行工作流程及类型的分工，比如业务秘书岗、法律助理岗。在层级上也开始有辅庭律师、主办律师、出庭律师等的区分。但相对于对人力资源和人力成本的投入，大部分律所主任及合伙人仍然认为市场品牌、案源创收才是业绩的重中之重，因此往往都会将资源向市场方向倾斜，各位合伙人也不曾花更多的精力和心思在人力资源管理上。即便大家已经开始意识到人力资源管理的重要性，一旦需要进行投资和发展，对"人"的投入也没有优先于其他资本要素。对律师人才价值的短视和对人力资源管理的误解已经成为律所发展过程中最致命的危险。我还是实习律师时，在一次青年律师座谈会上，曾与某合伙人有过这样一番对话——

合伙人：小徐律师，你之前是从事什么工作的？

当年小徐：我之前一直在企业做人力资源管理。

合伙人：哦，那就是做行政咯，做了那么多年，以后我们所行政这块工作你要多多提意见啊！

当年小徐：……好。

拿证已有七年，相比于七年前，人力资源管理于律所之重要性的理念，一直在缓慢渗透，但并没有实质性进展。2021年，一位来访天同律所上海办公室的律所主任问我："徐律师，你为什么会喜欢做人事，这种需要天天钩心斗角、尔虞我诈的活儿，你很享受这个？"也有合作的客户律所的主任在接受训练和改变时会愤怒地说："人力资源也是服务部门！你没资格拿着'管理'的大旗来指挥我们！太没人性了！"无论是这样的询问还是质疑，在我研究并实践律所人力资源管理的这些年中都真实地发生过。做一件正确的事自然是艰难的，人生就是一场修行。但每次听到这样的反馈，我都能看到，这从一个直接的层面反映出，律师行业对人力资源管理的认知缺失和误解：人力资源管理作为一门社会科学，有自己的运行逻辑与理论基础，是根据律所的发展战略，要求律所及合伙人运用领先的管理方法，对人力资源的获取（选人）、开发（育人）、保持（留人）和利用（用人）等方面进行计划、组织、指挥、控制和协调，最终为组织创造价值、带来效益的一种管理行为。人力资源管理理论的发展已经有一百多年的历史，比中国律师行业的发展要早得多。作为职能板块的一部分，人力资源管理部门是律所不可或缺的组织形态之一。

新阶段：实现人力资本的真正优先

律所最大的价值和财富是"人"。"人"作为一种资本，成为在"人"的时代价值创造的主导要素，这是最活跃、最具价值创造潜能的要素。对"人"的投入，应该从投入招聘成本开始，然后对每一个团队成员的培训、绩效、薪酬进行投入。律所主任或合伙人在将资源投入到案源开拓、市场品牌宣传中时，也应该将重心和时间向人力资源上倾斜。一个标志性的动作就是设立人力资源专职部门，或给有人力资源管理职责的人充分授权。实践中，只有到合伙人因利益分配闹得不可开交、优秀资深律师不断流失、团队出现明显协作不能时，律所主任或合伙人才会反思：我们是不是在人力资源管理上出了问题？

　　人力资源管理部门作为律所重要的职能部门，是维持律所高效运转的关键力量之一。蒋勇律师在《每周蒋讲：律所的管理》一书中提到："律师拥有的是法律专业能力，但这不足以支撑起一家专业服务机构的日常运转和长远发展。甚至可以说，运营方面的能力是作为机构的律师事务所核心能力所在；如果律师事务所仅仅是律师的集合，律所这一机构本身并没有创造任何价值。"

　　我们处于互联网经济时代，这个时代连接一切，是在人类世界高度密集的群居环境、高度发达的人员和物资流动网络下必然形成的。从背后的逻辑来看，互联网经济时代其实就是共享经济时代。"互联网原住民"90 后、00 后将个体尊重视为生命，随着他们成为各行业的新生主力军，我们需要在这样的背景和现实下，关注个体价值的崛起。合伙人需要正视这一批新生主力军的出现给组织变革带来的挑战，同时也要看到他们带来的更多是创造力和机会力。我们只有让个体更自由地发挥，才能为团队创造更加无限的价值。这是由律师行业的特性决定的，也是律师行业发展所要求的。从独立律师到律师团队，从综合性律所到公司制律所，从多元业务模式到精品案件处理，从行政到中台，似乎一切都在变，但唯一不变的是"人"，"人"在这些变化中扮演着关键的角色。在建设律师团队的道路上，因人成功、因人失败的案例每天都在上演。

　　李祖滨老师有三句话对我产生了极大的影响，也是我愿意致力于律师行业人力资源管理建设的原动力：

　　➤ 如果你是从"选人"而不是"做事"开始的话，就更容易适应
　　　 这个变化莫测的世界。

　　➤ 如果你有合适的人在车上，那么如何激励和管理他们就不再是

难事。

> 如果车上坐的是不合适的人，不论你的方向（战略）多么正确，仍然无法到达你的目的地。

如何用好人、管理人、激发人，最终完成律所或律师团队的发展目标，都要求律所主任和合伙人重视"人"，同时在自己知信行习的基础上，让懂得"人力资本运营"的专业人士来协助完成价值创造。术业有专攻，请专业的人做专业的事，这个道理，和客户遇到疑难案件请专业律师是一样的。

律师行业对人力资源管理部门的典型误解及重新定位

误解一：任何人都可以从事人事工作，前台、出纳、业务秘书等人转行就行。

人力资源管理部门的工作以理论和研究为基础，要求岗位人员通晓理论又精于实践。近几年人社部取消百项资格认证，仅保留包括法律职业资格证书等 10 项证书，企业人力资源管理师就是其一。从通过三级（初级）人力资源管理师到一级（高级）人力资源管理师的认证，需要经过 10 年。高阶人力资源管理人员要站在律所发展战略的高度，熟悉不同运营模式下的组织架构匹配，需要有组织变革的能力，在协助律所或律师团队进行制度流程再造、组织形式改制等工作下，要确保文化的有效传承、持续地吸引和保留优秀的人才，同时避免对现有体制和人才造成冲击和影响。一个合格的人力资源管理人员，不仅需要有计划地对人力资源进行合理配置，通过对律师的招聘、培训、使用、考核、激励、调整等一系列过程，调动律师们的积极性，发挥律师们的潜能，还需要对律师们，特别是青年律师们的思想、心理和行为进行恰当的引导、控制和协调，充分发挥他们的主观能动性，使人尽其才，事得其人，人事相宜。这是一个需要高智商和高情商的岗位，律所真正寻觅到一位适格的人力资源负责人是非常困难的。

我在本书中无意作价值判断，仅从胜任力的角度分析，人力资源管理部门的岗位所需要的人员能力和素质与一般的出纳、行政、业务秘书截然不同。

误解二：人事工作也是职能板块的一部分，律所职能板块就是服务部门，为大家做好服务就可以了，不要提"管理"。

律师行业的特性决定了所有非律师岗位普遍被称为"职能部门"，人力资源管理部门理应归属职能序列，这是共识。但从岗位工作性质来看，人力资源管理部门不是单靠部门内部自身力量去决策的完全服务部门，而应该是"帮助合伙人团队执行律所或律师团队政策，有一定管理权限的部门"。

律所人力资源管理部门的负责人应有合伙人身份，下属人力资源管理部门人员列席合伙人会议并对律所或团队层面人力相关工作享有建议权，同时对涉及人力资源管理的专业问题享有一定程度的否决权。人力资源管理部门是合伙人团队的亲密战友，律所主任应该直接享有最高的人事管理权与决定权。

人力资源管理部门的工作价值并不是为了让律师或非律师部门的成员感到快乐，而是要帮助他们更加敬业。组织首先应该关注的是敬业之后的产出，而快乐是在达成产出之后的感受。毕竟快乐很简单，产出不易。人力资源管理部门人员在律所和律师团队中，应该做有助于创造价值的事，而非撰写价值声明；应该建立有竞争性的组织环境，而非纯舒适、安逸的团队环境；应该提供专业、积极的行动和建议，而非仅消极、被动地执行和操作。

人力资源管理部门的工作，与财务、市场等部门一样，与合伙人息息相关，对律所及律师团队极其重要。人力资源管理部门的工作是所有合伙人的事情，应和团队每个人一起开展工作。

误解三：人力资源管理部门不是创收部门，所以我们不能投入这么多成本。

作为当年某国内知名大健康保健品上市公司的人力资源负责人，我在接待印度某全球集团人力资源副总裁时，被这样询问："为何在中国，人力资源管理部门的地位明显低于其他职能部门？而在西方国家甚至就在我们印度，人力资源负责人都是以'二把手'的身份出现。"由此可见，"人力资源管理部门不是创收部门"的误解是一种"中国现象"。

但这个误解显然在律师行业更为突出，根源在于前四十多年的中国律师行业发展太过迅速，VUCA时代的到来又增加了诸多变量，律师们习惯了速战速决、立竿见影，获取短期价值的需求与期待远远大于长期利益。而在许多律所，创收额是衡量律师贡献的重要指标甚至是唯一标准。人力资源管理工作的价值恰恰很难在短期内凸显，也不可能直接创收。我们可以这样拆解一下"人力资源管理部门不是创收部门"的命题：

（1）一家律所，除了负责签单的律师部门，还有哪些是创收部门？

（2）为什么律师如此关注人力资源管理部门不是创收部门的问题？

（3）人力资源管理部门的哪些工作与律所创收有关系？

当我们可以清楚地回答以上三个问题，是否就可以在战略的引导和沟通上，更加清晰地明确人力资源管理部门或人力资源管理人员的定位和工作要求？如果我们能用"投资"的心态去看待这个问题，就会简单得多——如果一个专业的人力资源管理人员足够优秀、卓越，他的加入可以让律所的蛋糕越做越大，即使减掉他的薪酬，剩下的部分也仍然比没有他加入时创收多，那么人力资源管理人员获得薪酬或分红，也是他应该得到的。

因此，突破这一误解或者说解决这一问题的重点是，律所需要将人力资源管理部门及人力资源管理专业人员的工作内容进行量化，管委会需要要求人力资源负责人把工作转化成经济成果，助力律所或律师团队的创收，同时给人力资源负责人提供足够的授权及晋升空间，对他们的意见给予充分的尊重。在这一点上，如果律师们能做到对律所所有职能岗位的运营人员予以尊重、信任和价值的认同，那么律所的发展势必可喜。

当然，从人力资源管理部门自身角度出发，要专注这个岗位的成果，而不是仅仅是把工作做得更好（这只是对优秀团队成员的最低要求）；必须清楚自己在价值创造上扮演的角色，建立机制提供人力资源服务以快速达成律所或律师团队的高创收；必须从律所或律师团队的角度来衡量工作成果，而不是关注律师本人的舒适满意度；当团队需要转型或调整业务方向时，能够引领团队文化的转型和变革，而不是仅仅在现有文化之上实施整合、流程再造或裁员。实操工作中，可以在年初完成人力资源规划及相应预算，提前计划、系统安排招聘、薪酬、绩效的工作节点，把控基础人力资源工作的时间，建立适合组织架构的人力资源内部系统，建立人力资源的数字化模块，让流程高效运转。人力资源管理部门的工作必须通过提升律师团队的智力资本（人）来创造价值，其工作重心是提高价值，而不是降低成本。因此，优秀的人力资源专业人才，可以快速通过薪酬优化和绩效工作提高人力资本的投入产出比。只有这样，律所的人力资源管理部门才能彻底去除"非创收部门"的标签，被整个律所认可。

很多律所主任及合伙人会遇到这样的管理困境：在创业期忽视、在发展期漠视、到了平稳发展期需要实现更快增长的时候才意识到，管理问题凸显——人才储备不足、组织效率低下、团队成员敬业度下降，甚至优秀的高年级律师频繁流失……每当这时，他们就会遍访各大招聘网站，或在兄弟所相互打听，期待能有一位救世主似的人力资源负责人或管理合伙人出现。

我在企业从事了将近十二年的人力资源管理工作，从一名人力法务专员，逐步成为绩效薪酬经理、企业内训师，再到上市公司的人力资源总监及人力资源副总裁，一路披荆斩棘，看惯风云变革。这几年之所以能在律师行业有所发声并获得同行的认可，并不在于我在人力资源管理领域掌握了多少工具或技巧，也并不是因为我有探究人性的特异功能或醉心于解决人事关系的快感。我得天独厚的优势，在于我是一名执业律师。我也像许许多多的法律人一样，经历过法学院考试前夕的兵荒马乱，以及备战司法考试时同步学十数门法律课程的昏天黑地；我也曾被律所的高强度工作折磨和捶打，下班回家后仍然提心吊胆地守着手机，将电脑视为最重要的财产寸步不离；一旦临时接到工作任务，无论是在旅途还是在聚会都要第一时间处理工作。无论是非诉业务中对合同条款甚至标点符号近乎变态的字斟句酌，还是诉讼业务中挑灯夜战阅读案卷、绞尽脑汁从法条和法理中组织对当事人的有利观点，都是律师这个职业存在的意义和价值。面对吹毛求疵的客户，面对疑难复杂的案件，面对公正无私的法庭，面对个性迥异的团队成员……在长期的法律从业生涯中，我深刻明白，从进入法学院到通过司法考试，从取得律师执业证再到有独立案源，从作业律师到合伙人，这一路的艰辛与不易，是我成为一名律师行业人力资源管理研究者最核心的优势。

人力资源管理理论的开创者戴维·尤里奇对专业领域（如医生、律师、工程师、心理医生、审计人员）的专家有这样一段定义：

（1）专注于清晰定义的成果，如医生信守希波克拉底誓言，并致力于救死扶伤；

（2）有共同的知识，遵守行业内共同的道德标准，如律师们学习的法律、法规和各类规章制度是统一的，也遵循一套既定的职业道德标准；

（3）具备基本的专业能力，如工程师具备建设桥梁、设计机器或制造计算机的技能；

（4）准确认知本身所扮演的角色，如审计人员协助监控公司的财务绩效；

（5）成果定义、知识、专业能力、道德标准、角色认知构成了一个职业的基本要素。

要成为具有以上特征的专家型聚合组织里的人力资源管理人员，是一个巨大的挑战。俗话说，如果要引领一群狮子，自己首先要成为狮子。因此，寻找一名合格的律所人力资源负责人，并不是一件容易的事。本书分享两种渠道，以供参考：

（1）外招。行业中尚没有成熟的人力资源管理人员，从企业引进是一个重要渠道，但如果企业 HR 不能尽快适应律师行业运营的特殊性及人员的个性特征，很容易"水土不服"。目前已有尝试这种方法的律所，实践效果均不太理想，下文我会完整阐述原因。

（2）内部培养。这是我首推的方法。管理大师吉姆·柯林斯在《基业长青》中写道："高瞻远瞩的公司从内部人才中培养、提升和慎重选择管理人的程度，远远超过对手公司，他们把这件事当成保存核心要素的关键步骤。"因此，建议律所可以将现有行政主管培养（不是直接转岗）成人力资源专业人才，也可以在合伙人团队中任命一名首席人力资源官（Chief Human Resource Officer）或管理合伙人，还可以在业务律师中挑选一位有意愿走上人力资源管理岗位的成员担当重任。

目前律所存在哪三种伪"人力资源部门负责人"？

在企业中，人力资源管理部门负责人的职位称呼，根据组织的大小和架构设置，可以分为人力资源总监（HRD，Human Resource Director）、人力资源副总裁（HRVP，Human Resource Vice President）、首席人力资源官（CHO，Chief Human Resource Officer）。人力资源管理部门负责人是组织中人力资源的第一负责人，参与组织决策和战略部署。在律师行业，我将该岗位称为"人力资源部门管理合伙人"。既然是人力资源的第一负责人，是合伙人之一，这个岗位就不只是行政主管或社保专员，而需要有更多授权和更高的级别。纵观现实，目前律所存在这样三种伪"人力资源部门负责人"：

1. 办公室主任或行政主管

这类成员担任人事负责人是律所最常见的一类现象，他们很多是律所创业之初的元老，以财务人员出身居多，在涉及人力资源管理方面，他们有如下三个特点：

（1）侧重财务和行政工作。由于没有人力资源管理的专业背景，这类成员在人力部门的工作上仅停留在人员调、转、入、离的基础人事工作层面，没有能力搭建人力资源体系，没有办法搭建选、用、育、留的流程管理；

（2）缺乏战略人力资源的思考能力，无法从律所或团队战略发展层面提供组织建议和意见，更多的是被动执行律所主任或合伙人的指令和决策，缺乏人力资源管理运营思维，由于他们大多数不是律师，很难从全面支撑业务发展的角度出发解决具体的人力资源管理问题；

（3）经常担任"救火队员"角色，缺少长远规划。办公室主任或行政主管的工作主要聚焦于律协、律工委、当地党政机关、税务机关，对内要应付所内各类琐碎的行政事务性或短期突发性工作，这个岗位的工作性质是琐碎的、繁杂的、紧急的，大部分时间无暇顾及战略，也没有时间去推动并执行相应的战略人力资源管理举措。

2. 外聘的专业型人力资源管理部门人员

目前已有律所尝试从企业招聘专业的人力资源岗位人员，但外招的有企业人力资源工作经验的人才在律师行业扎根并成功取得变革成效的案例非常少，甚至可以说没有。原因主要集中在以下三个方面：

（1）企业组织与律所组织的形态具有很大差异，企业的人力资源管理模式融入律所需要时间，这对该岗位的人员有极高的要求。律所管理层对职业经理人的容忍度较低，如果短时间内不能看到工作成效，就会引发矛盾；外招的人力资源专业人才也会很敏感地感受到组织的压力及不信任。因此，相互之间的容忍度都不高。越是追求极致的律师事务所，越难给予容错的时间和机会。目前因为"水土不服"导致"空降兵"阵亡的先例数不胜数。

（2）律师对人身自由及专业性有至高崇拜及要求，如果新招聘的专业人力资源管理人员入职后忽视律所文化，不仔细甄别入职律所的业务类型和价值创造点，照搬照抄既有方法对律师们进行考核、管理，唯专业论、唯技术论，定会出现"排异现象"，不仅无法起到赋能与激发效果，反而会使律师们认为该岗位人员"不专业"而激发矛盾；无论是高阶人力资源管理负责人，还是事务型人力资源专员，如果不花时间了解律师这个职业的特殊性，一定会遇到方案尚未落地就夭折的情形。

（3）高阶人力资源管理人才很难在市面上找到，律师行业对职业经理人的认识还处于初始阶段，律所不愿意高薪聘请高阶人力资源管理人才，也不愿意付费聘请外部咨询公司对律所人力资源管理进行专项评估，因此就很难获得高级别的人力资源管理咨询和建议。人力资源管理是一门专业也是一门科学，人力资源管理人员和律师很像，都是专业型人才，专业型人才都会根据职业年限和工作经验分级，能力差异在所难免。例如低年级的人力资源管理人员在解决问题时只能局限于自己擅长的板块，缺乏全局性思考和系统性思考，无法从战略角度设计律所的人力资源战略，不能给律所主任及合伙人提出个性化建议；同时也会根据自己的兴趣与特长，专注或擅长于不同的板块，例如招聘经理可能没有薪酬绩效的经验、薪酬经理也不太懂招聘技巧和培训方式；或者忽略律师行业的特质，一味追求方案本身，在落地层面出现差池，等等。

3. 配偶专权型

行业内不乏"夫妻店"，律所主任的配偶担任律所重要且关键岗位的现象普遍存在。"家族企业"作为世界上最具普遍意义的企业组织形态，在全球经济市场占据着举足轻重的地位。美国学者克林·盖尔西克（Kelin E. Gersick）作过统计，他认为，"即使最保守的估计，也认为家庭所有或经营的企业在全世界企业中占65%到80%之间。全世界500强企业中有50%由家庭所有或经营"。我曾认职的国内知名大健康保健品的上市公司，就是一家有22年历史的典型家族企业。家族企业是一种特殊的组织形态，它顽强的生命力说明它与其他企业形式相比有其优越的一面。当然，利弊相生。

在中国律师行业发展早期，律师团队还未出现时，律所基本上都是提成制，不属于管理学意义上的团队和组织。因此，"夫妻店"的模式可以最大化地降低成本，推动律所从无到有地建立。但是随着律所规模的扩大、专业化团队的形成、职业化要求的提高、客户群体的素质增长，"夫妻店"的弊端也日趋显现。如果律所主任的配偶不能在律所发展道路上表现出职业化修为，做到团队利益至上、公私分明，就很有可能影响律所的人才培养与引进。有几种常见的现象，例如把律所或律师团队的人力资源工作视为"权力"，以此操控人员的晋升和录用，组建自己的"小团体"或"密探"；凭借本人的特殊身份公报私仇，在业务管理过程中显失公平；害怕自己在律所或在主任心中的位置被取代，不愿意引进、培养继任者或职业经理人。

在这种情况下，团队成员迫于身份的原因，敢怒不敢言，唯一的选择就是"离开"。这就直接导致在"夫妻店"的律所中，团队人才流失是最严重的。

上述常见的律所及团队从事人力资源管理实务的人，都不符合领先人力资源管理的落地原则，也不是优秀的人力资源部门负责人的画像。

律所或律师团队人力资源负责人的画像应该是怎样的？

1. 成功的人力资源部门负责人，必须进入合伙人梯队

人力资源部门负责人首先是领导岗位，其次才是专业岗位。律师团队的人力资源部门负责人，必须要进入合伙人梯队，成为管理委员会或执行委员会的成员。"领导力"是招聘人力资源部门负责人的关键。人力资源部门负责人的使命是帮助律所或律师团队打造卓越的组织能力。并且为了履行使命，该负责人必须深刻地理解组织的战略，熟悉业务类型和业务模式，统筹内、外部资源，整合业务、人才、文化、流程与组

织架构等组织要素，阐明愿景、使命、价值观，提供系统的、有契合度的人力资源解决方案，并使得律所和团队的全体成员（包括律师和非律师）达成共识，在合适的时间推动组织变革。

人力资源部门负责人作为领导岗位，要具有和律所主任及合伙人一样的战略思维与高度，要坚信团队的使命、价值观。同时，有坚信团队成员潜能的勇气，放下骄傲和恐惧，敢于向团队成员主动赋能，把团队的业务目标作为出发点，把既定的战略目标作为靶心，参与合伙人决策，展现领导者智慧，使众人行。

律所主任或合伙人在寻找人力资源部门负责人时，要把领导力评价作为最关键的画像。

2. 业务能手——非常了解律师行业及本律所或团队的业务

2019 年 9 月 27 日，海南省通过了《海南经济特区律师条例》，鼓励非律师的其他专业人士担任律所的合伙人。这虽然是一个行政规章，但在律所的组织形式和律师的业务范围等方面都作出了很多创新。

任何专业出身的人都可以成为一名优秀的人力资源部门管理合伙人，只要他对律师行业及本团队业务足够熟悉并多年置身于此。目前很多律所有市场、行政类的管理合伙人，虽然他们都是非律师，但深根律师行业并在自己的专业领域成为翘楚，如果在短时期内无法招聘到合格的人力资源负责人，由这些成员转行担任是完全可行的。

全球最早提供人力资源外包与咨询服务的怡安翰威特公司（股票代号为：HEW），曾经对全球领先企业的 45 位首席人力资源官进行调研，发现超过一半的首席人力资源官并非人力资源专业出身，其中有三分之一的人在担任这个职位之前，并没有人力资源管理相关经验。因此律所或团队在做接班人计划或培养管理人才时，尽可能关注律师或法学背景出身的成员。

律所主任或者管理委员会主任，要将人事权作为自己最核心的权力。事实上，组织的最高领导，本身就应该是这个组织最大的人力资源管理负责人。

3. 人力资源方法论专家

领导力非常重要，法律业务能手是硬性要求，律所人力资源负责人的第三个画像要素，是必须成为人力资源方法论专家。法律行业的普遍管理能力尚停留在初级阶段，人力资源负责人具有专业人力资源方法论的并不多，大多数律所负责管理的合伙人仍会有基于创收的考核指标。事实上，鲜有合伙人愿意放弃律师业务或创收去做管理工作，让其花时间去学习人力资源管理理念和知识，是强人所难，这是大多数律所的短板也是现状，但并不是合理的。

一位优秀的律所主任或者人力资源负责人，必须学习和了解人力资源的相关理念与方法理论，这和学习财务知识、市场知识、专业知识同等重要，甚至更为重要。

律所的人力资源负责人要成为人力资源方法论专家，并不意味着要娴熟掌握各类人力资源管理工具的操作方法，不用成为全优生，但要成为没有偏科的特长生。他们要能够清晰描述人力资源的系统框架（规划、招聘、绩效、薪酬、培训、组织发展）代表并意味着什么，能够清晰识别所在组织的核心竞争力及组织优势，能够厘清战略、文化、人才、制度流程之间的逻辑关系，能够了解人力资源信息化与数据化建设，能够基于律所或律师团队的业务和战略要求，快速提供系统的人力资源解决方向及方案。

律所要在这个画像的定位之下，为其配备一位实操的助理或者专员，负责事务性工作并执行落地。这样，只需2～3个人，就可以确保律所人力资源体系的有效运转。这么做，不仅人力资源部门负责人的招聘压力会变小，该部门的人力成本支出也会降低。如果目前律所还没有预算另聘一名助理或专员，那让其他职能成员或律师成员分担一部分事务性工作也是可行的。在30人以内的公司制律所中，如果主任能为人力资源方法论的学习倾注时间，真正成为自己所在组织的人力资源负责人，那组织就能具有极强的竞争优势。华为董事长任正非先生，就是华为的人力资源负责人。

4. 拥有美好的情怀

律师行业是一个布满荆棘又崇高伟大的行业，英国著名法学家弗雷德里克·波洛克（Frederick pollock）那句"法律不能使人人平等，但是在法律面前人人是平等的"是所有法学生心中正义追求的底色。因此，要成为律师这个群体的人力资源管理者，除了是一位领导者、业务能手、人力资源方法论专家，更需要在内心对"法律"充满至高的敬畏，对法律行业有崇高的信仰，对律所和团队有忠诚的信念，更要有为法律人服务而获得的发自内心的喜悦与成就感。

如何拥有一名优秀的人力资源负责人？

也许在未来3~5年内，寻找一位百分之百符合以上画像的人力资源负责人仍有困难。如果对外招聘还是幻想或者已经吃了非常多"空降兵"的亏，那么我还是建议各律所从内部进行培养和选择。种一棵树最好的时间是10年前，其次是现在。各位主任或团队长，可以从现在开始制订接班人计划，让组织拥有一名具有领导力的、在业务能力及人力资源方法论上双高的、具有法律情怀的人力资源负责人，我们可以试试以下方法：

（1）由主任直接担任或在现有合伙人中提拔一名成员，公费让其进入商学院进修，学习系统的组织经营与管理知识，培养管理思维与技能；

（2）选拔现有的团队成员（职能人员或律师都可以），让其参加各类人力资源专业培训或阅读相关书籍，给其2～3年的时间，提升专业能力与意识；

（3）寻找一位资深人力资源专家作为外部顾问或教练，向高手学习，并寻求深入的辅导机会。

无论是在行业的横向轴上，还是在律师团队发展的纵向轴上，人力资源负责人这一岗位实质上已经出现了，蒋勇律师聘请我出任首席人力资源官的那一刻，已经标志着一个时代的到来。因此，如果律所已经充分认识到这个岗位的重要性，那就从现在开始，耐心地、用心地根据以上的人才画像寻找或培养一位集卓越的领导力、业务能力、拥有人力资源方法论及美好情怀于一身的律所人力资源负责人吧。

第二章

招聘管理篇
专注精准选人

招聘管理篇：
专注精准选人

选人就像选种子，优秀的人才相比于平庸的人，更有能力创造出优良的业绩。因此，团队业绩的成败往往在人才选择的时候就已经决定了。谷歌首席人力资源官拉斯洛·博克在《重新定义团队：谷歌如何工作》一书中说，"对于管理者而言，工作中最重要的事情是招聘人才，人才招聘是任何组织唯一且最重要的人力活动。"随着律师团队制的发展，这一个理念开始慢慢地植入律所主任及合伙人的内心。但是，在管理实践中，人们往往还是会把大部分时间投入到业务和市场中，对人力工作的投入很少，总是吃"招错人"的亏，常常为了弥补招聘工作中的失误而不得不在金钱、团队士气和客户服务方面付出更大的代价。这就是注意力在哪里，能量就在哪里的最好例证。

亟须律所及律师团队关注两个问题：第一个问题是，招错人到底会产生多少成本？第二个问题是，谁要对招错人负责？

招错人到底会产生多少成本？

我们来算一笔账，假如一名执业2年的律师助理，其薪酬为1.5万元/月，计算其入职半年后，因未通过试用期考核而离职对律所或该律师团队所产生的损失（表2-1、表2-2、表2-3）：

表 2-1 直接成本

成本项	半年成本	合计（元）
薪资成本	90000.00	90000.00
社保成本（按全国社平工资最低 3500 元计算，如实际缴纳，则更多）	7000.00	7000.00
福利成本（交通、生日、餐补、旅游、体检）	5000.00	5000.00
培训成本（律协、外培、内培）	3000.00	3000.00
辞退成本（试用期内可不支付经济补偿金，本书按 N+1 计算）	22500.00	
合计	127500.00	

表 2-2 间接成本

成本项	细节项	合计（元）
投入成本	招聘时间成本、沟通无效成本、培训时间成本、重新投入招聘的时间成本	根据团队状况计算，不可估量
效率成本	假设一名不合格助理的效率是一名合格助理效率的一半，按照华为 1∶7 的人效比，造成的浪费	315000.00
文化成本	在职期间给团队优秀成员带来的负能量，以及与客户或公检法沟通对接的差错，可能影响团队绩效的滑落	根据团队状况计算，不可估量

表 2-3 商业成本

成本项	细节
机会成本	如果当初招聘的是一名合格的律师助理——630000.00 元的价值

　　通过以上粗略的计算可以看出，如果我们招聘了一名不合格的律师助理，在半年内给团队造成的损失高达人民币 100 万余元。而这还没有包含因其离职给团队在案件交接、客户满意度、团队雇主形象、离职后团队其他成员心理建设等方面需要付出的时间精力。而以上例子仅仅是

招错一名低年级律师所支付的对价，用同样的计算公式，我们可以想象高年级、高薪酬律师离职、授薪合伙人离职、团队批量离职带来的惨痛损失。请注意，在这里我并没有区分是主动离职还是被动离职，因为这两者的差异仅仅体现在现金成本的经济补偿金数额中，真正给律所和团队造成损失的，是间接成本和商业成本，这是我们从未发现且触目惊心的地方。

谁要对招错人负责？

案子办错了有各种惩罚措施；案子没达到预期，客户有权根据合同要求减免律师费用；违反律所规章制度会减缓晋升时间甚至辞退；触犯律师行为规范或刑律，有国家强制机关予以处罚；当年业绩没有达标，会根据合伙协议或绩效制度降点、停点或取消分红……但是，律所招错人，或者负责招聘的合伙人或负责人发生类似招聘方面的管理失误，却从来没有听说过有任何可承担、可量化的责任。这是为什么？律师行业对招聘工作的忽略，大多根源于对招聘工作责任承担的忽略。

我曾经在走访中偶见有团队在使用 OKR、KPI 等管理工具，各项指标从未涉及招聘的处罚规则或对价赔偿。因为授权不清晰、责任不到位、考核不明确、奖罚不分明，负责招聘的人员自然就缺少精益求精的动力，也无法做到合众为一。更可悲的是，在朴素的律所管理理念中，招聘、定薪这类掌握着律所人才命脉和话语权的事项，是"核心权力"的象征。若分管该项工作的合伙人或相关人力负责人心存私心，意图在招聘时就建立自己的"小团队"，以"顺我者昌，逆我者亡"的心态进行招聘，习惯性表达"我的人""你的人"等，这对于律所的人才引进和建设将是毁灭性的打击。相应的，当合伙人发现某位成员的业绩不佳、绩效不高时，只会向负责招聘的职能人员进行口头问责，"你看，就是你们招来的人不对！"除了这个方式，好像没有人可以为招错人的损失以及组织效能低下负责。如果这种对话最终进入"我没招错人，是你没用好人"的扯皮过程中，将形成律所内部合伙人之间的壁垒，增加内耗，最终损害组织。

关于招聘责任的承担，常见误区有如下几项：

误区一：选人只是人力部门或人力分管合伙人的事。

我遇到很多合伙人，他们把所有选人招聘的工作都推归于人力部门，认为业务部门只要做好案子、找好案源就行，能不能招对人不是业务范畴之内的事情。这类合伙人普遍认为招聘广告是由人力部门发放的，招聘海报是由人力部门策划和发布的……业务部门很忙，没有渠道去搜寻应聘者，他们常说"如果合伙人都把这些事情干了，要你们人力部门干吗""你们是专业的，我们花钱建立职能部门就是让你们来帮我做这些事"。例如，组织校招时，合伙人不作简历筛选，把所有责任和工作都交给没有法律背景的人事专员；不参与面试或面试流于形式，认为选人招聘工作都是人力部门的工作，合伙人只负责用人。

误区二：不学习招聘技巧，选错人的责任都归结于他人。

合伙人忙于业务，把所有责任都分配给人力部门或人力负责人，嘴上说"你们是专业的"，但其实是为了推卸责任或把更多的时间用于市场和案件。首先，律所的人事专员尚未具备精准选人的能力，特别是由人事专员选择专业律师，如果没有合伙人的参与，招错人的概率很大。其次，律所普遍缺乏统一的人才画像，没有精准人才画像的支撑，面试官不知道这个岗位的招聘要求。每个人心中都有一个哈姆雷特，出现"我招的人不是你想要的人"的概率就会增大。在这样的情况下，即便是合伙人自己亲自招聘，也很难识别岗位适格的应聘者。最后，面试是一个技术活，需要科学的提问方法和刻意训练后的沟通技巧，目前大部分律所合伙人和人力人员都不具备精准招聘面试的能力，不算是一个合格的面试官。所有人都是凭自己的感觉招聘，招错人时就容易相互推诿。

如何避免"招错人"？

杰克·韦尔奇在其著作《赢》中写道："如果你舍不得花时间和精力来招贤纳士，那么你将来在管理上碰到的困难会花去你更多的时间。"因此，合伙人需要把人才的选择和识别当作一项持续开展的工作，重视招聘，减少在人力资源上的"踩坑"和"买单"情况。首先，要保证有一支高阶的面试官队伍，将主任、业务部门合伙人、人力负责人绑定成面试官团队，避免"谁有空谁去面试""让人力部门去面试"的随意，确保面试官在愿景、使命、价值观上的一致性；其次，建立一套基于"人才画像"的人才选择和评价机制及人员淘汰机制；最后，设立招聘错误的惩罚机制，将人才梯队建设纳入合伙人考核体系。

熟人推荐不是律所
获取简历的唯一途径

场景一：王律师急招一名助理，于是在校友会及微信群里多次表达希望尽快有一名责任心强、业务能力好的律师助理入职。他很快收到师兄推荐的一份简历，与应聘者简单电话沟通后便安排入职。但一周后，他感觉"气味不投"，向师兄表达歉意后劝退，又重新开启招聘。

场景二：某律所招聘要求明示，授薪律师原则上需要本所律师推荐才予以录用。李律师经主任推荐，录用了实习律师小刘，但工作一段时间后发现小刘业务能力明显跟不上，可又碍于主任的面子不敢辞退，只能留下。但另一边，悄悄托人另觅新人。

以上两个场景并不陌生，可为什么我们总会遇到这样的情况呢？究其原因是大多数时候我们无人可选。巧妇难为无米之炊，一方面我们急于使用公共招聘平台，另一方面也不了解哪些招聘渠道可以获得简历。而"熟人推荐"是最快速、最高效的获得简历的途径，这也符合律师们"急功近利"的心态。因此上述两个场景的尴尬遭遇就屡见不鲜。

为何熟人推荐会成为律所及律师团队招聘的重要来源？

客观上，微小型团队是目前行业中的主流，如果没有律所招聘平台的支撑，合伙人们根本没有时间去登广告、刷简历、打电话、邀请面试。有现成简历，就会便捷得多。现实中，公司制律所与一体化运营的团队通常有固定的年度招聘计划，定期开启招聘，此时如有一位合伙人因业务需要申请增加人手或者人员离职需要补员，就有可能与计划的固定招聘时间相冲突。这时，为了招聘 1～2 位律师助理，走繁琐的申请流程太耗精力，而此时如果能从熟人处获得简历，就能很快缓解简历枯涸的局面。因此，熟人推荐是目前律师行业最常见的简历获取途径，"成功率"往往很高。法学应届毕业生在找律所时，除了会定向向招聘网站投递简历，也一定会找自己的导师或者律师好友推荐。总的来说，如果推荐人能推荐靠谱的应聘者并能为其背书，通过这个方式招聘，是有利于提高招聘效率的，因为：

（1）简历收取速度快，应聘者的转换率高；

（2）推荐人对应聘者的背书，可以节省背调时间；

（3）稳定性较强。基于推荐人的关系，应聘者入职后一般较为稳定，也更愿意努力工作。

但随着律师市场专业化分工，社会发展导致案件的复杂程度和精细度加深，合伙人对应聘者质量的要求也越来越高，熟人推荐的弊端也开始逐渐暴露。事实上，"熟人推荐"也是合伙人们不愿意花更多的精力和时间投入招聘工作、为找到更广泛的简历而走的捷径。

1. 推荐人的"媒人"心态，容易造成美化的幻觉，不利于双方的精准判断

任何推荐人的初衷都是为了成人之美。百度百科对"推荐"一词的释义是：指介绍好的人或事物，希望被任用和接受。虽然也有推荐人会说："我只是搭桥牵线，录用与否您决定。"可一旦推荐行为发生，一定会有"美化"的行为。所以推荐的最终目的是促成雇佣关系。一旦遇到推荐的简历，不擅长招聘的合伙人们就很容易把用人的评价标准做"移交"，"卖家秀"和"买家秀"的尴尬局面就会形成。而更让人沮丧的是，推荐人的美化行为往往是双向的，不仅向用人律师"举荐"应聘

者，也同时会向应聘者夸大对目标团队的赞美。应聘者很容易因推荐人的渲染，对目标团队形成过高期待，而这种过高期待往往在进入正式工作后，会造成比公共渠道录用的成员更大的心理落差，从而导致团队管理的严重混乱。

2. 怕得罪推荐人而不敢辞退，导致人力成本的浪费

"熟人推荐"背后的动机往往涉及社交及利益链条，在行业中也会被"案源"和"创收"裹挟。假如合伙人为了交换利益而录用被推荐的应聘者，如果发现应聘者出现绩效不达标的情况，很难直接作出劝退的决定，甚至连日常的批评都要考虑措辞。顾及与推荐人的关系而持续录用不合格的应聘者，会造成团队人力成本的浪费。

3. 破坏平等就业，导致团队凝聚力下降，影响团队文化

"关系户"如处理不好职场关系，容易对其他团队成员造成不良影响，从而减弱团队凝聚力。合伙人万万不可低估团队成员的敏锐度，小伙伴对于背景关系的"侦查"能力远远超过合伙人的想象。因此，如果不能恰当地处理与"关系户"的关系，很容易导致团队管理问题。再者，有些律所专门强调"必须由本所律师推荐方可入职"的初衷是设置内部推荐制度，但如果这个条件成了招聘的硬性门槛，就很容易在律所之间形成一个个"小团队"，时间长了必然免不了"诸侯之战"。

不论是以上哪一种情况，都容易导致办公室政治和管理混乱，不利于律所或律师团队的科学化管理，影响创收。

避免熟人推荐带来尴尬局面的四大方法

（1）学习科学的面试沟通技巧，精准识别优秀和平庸；不论是熟人推荐还是普通招聘，只要有识人的能力，就能招到适合团队的优秀人才。

（2）合伙人们共创制作精准的人才画像，设定客观、量化且统一的

招聘要求，让招聘"有法可依""有据可循"。人才画像可以在合伙人发现熟人推荐的应聘者明显存在岗位不适格时，用以婉拒。

（3）拓宽招聘渠道，并设定律所专属的人力资源管理部门邮箱，如遇热心朋友推荐，可直接建议其从公开招聘途径投递简历，统一进入公开、平等的招聘流程，以此避免因熟人推荐而失去对应聘者的客观判断。

（4）如果已经决定录用经熟人推荐的应聘者，在面试环节一定要做到坦诚沟通，将团队实际情况展示给应聘者，避免因为推荐人的过度美化，而让应聘者产生过高期待。曾经有一位热心的律师同仁向我推荐了一位非常优秀的应聘者，从简历及面试情况来看都很符合我团队的要求。但谈到薪酬时，我发现这位应聘者从网络上获悉"3万元俱乐部"的信息，故而认为互联网法律服务团队统一使用该薪酬标准。当我介绍律所内部对新业务板块另有一套薪酬宽带体系时，他经过衡量，最终放弃了入职机会。类似的情况非常多，"示人以真"是我一直强调的面试官应有的心理状态，并且这不仅适用于熟人推荐的场景，也贯穿人力资源管理的方方面面。

除了熟人推荐，我们还可以在哪里高效找简历？

律所主任或合伙人往往卡在了简历收取渠道这一关，认为只有通过熟人推荐或者当地律协官网招聘版面才能有针对性地找到专业的法律人才。但事实上是，你想方设法寻找简历时，应聘者们也在通过各种途径找到你。除了各大招聘平台，目前自媒体招聘公众号也不胜枚举。例如：

（1）可以以律所名义注册成熟的专业招聘网站：智联招聘、前程无忧、中华网、英才网、卓博、当地人才网。

（2）可以以合伙人个人名义注册快捷的招聘APP：猎聘、BOSS直聘、实习僧、大街网、拉勾网。

（3）可以在合伙人自己及团队成员的微信朋友圈、微博、抖音等自媒体发布招聘广告，这种招聘途径需要在招聘广告后注明简历收取邮箱，避免陷入"熟人推荐"的循环。

（4）法律公众号（排名没有先后）：新则、职问、法律就业、法律小伙伴、律盐、D调魔法学园、律所直聘、LAW招聘、律芽、Legal职聘、青法在线、LegalPursuit、职得Legal、小灶实习校招、这里是小石桥，等等。一些专业自媒体公众号也会协助发布招聘信息，比如知产力。

（5）一次招聘人数在10人以上时，可参与各大院校校招，需快速扩充人员的公司制律所可以考虑这个渠道，校招有转化率高、精准度高、亦可充当律所品牌宣传平台的优势，劣势是招聘成本高、竞争压力大。

（6）在各大院校法学院的公共论坛刊登招聘广告，各大高校论坛的招聘版块是校招渠道的补充。

除了以上六种渠道可以收取简历外，鼓励各律所或团队，设置"内部推荐"制度，鼓励并营造"集体招聘"的意识。设置内部推荐制度，奖励推荐人，可以很大程度地扩大和提高简历收取的范围和数量。这不同于律所设置"必须由本所律师推荐才可入职"的方案，也不属于熟人推荐的范畴，这是人力资源管理的工具之一。设置内部推荐制度，大额奖励推荐人，并设置"连坐"制度，促使推荐人对应聘者的入职资格做好尽调，确保双方在一定时期（一般指试用期）内不出现解除劳动合同的情况。内部推荐制度也可作为推荐人的年度考核指标加分项，等等。这种方式之所以可以大大提高简历收取数量和质量，是因为我们将"综合激励"手段用于人才的选拔。研究表明，职场大概有95%

的人才对新的机会感兴趣，但只有22%的人会主动投递简历，这也就意味着73%的人是被动的求职者。如果我们"坐等简历来"，那我们只能发现1/5的人才，而真正优秀的人是很少主动投递简历的。这时如果要获得人才，就需要我们动用全所和全团队的力量主动挖掘简历，让每个人都成为"猎头"。内部推荐制度的设立，可以让我们在上文的6种方案之外获取更多的简历。在我的团队内，根据推荐简历的不同，内部推荐成功后，推荐人会获得人民币8000～20000元的现金奖励。

熟人推荐的方式，传承了古代圣贤"任人唯亲"的儒家思想，有利有弊，也对律师的招聘能力提出了极高要求。因此，建议律所主任或合伙人们积极发掘更多渠道弥补或变更因"熟人推荐"获得简历量少的现状。方法很多，只要我们用心去做。

律所主任和团队负责人一定要成为本组织中最大的猎头。

金牌面试官
『两步法』成为律所

"我今天去招聘会了，面试我的竟然是我的同班同学！她上周刚入职啊。"一位应届毕业生在某律所面试后给我打来电话，如是说。

"律协今天有一个招聘会，你们行政安排一下，去找一些人参加。"我在拜访某主任时听到这样的工作安排。

"你们快点给我招助理呀，最近业务忙，人手不够了！"在合伙人会议上，某业务板块负责人这样提出要求。

以上常见场景都有一个共性，都是针对"面试官"的。无论是对面试官人选的质疑，还是对面试官人选的选择，都是招聘工作的关键要素之一。获取高质量人才有三个非常重要的关键要素，分别是：①对招聘工作重要性有充分认知的组织；②熟练掌握面试流程与技巧的面试官；③高效的招聘甄选流程。

面试官的角色不以岗位定义，不应仅是律所负责人事的人员，而应该是整个用工链条上的所有成员。面试官是团队人才流入的"质检员"，优秀的面试官最直接的绩效产出是为律所及团队选拔优秀人才、创造卓越价值。每一位面试官都是一名守门员。不合格的面试官，不仅会错过优秀的求职者，也会使不合格的应聘者像没有质检把关的问题产品一样流入团队，从而造成各类损失。

我们来分析一下，为什么说上述三类情况都选错了面试官？

　　面试官是应聘者对律所或律师团队的第一印象。不合格的面试官将摧毁组织苦心经营的品牌形象。面试过程其实是一个沟通的过程，和相亲类似，除了双方了解彼此的信息外，还会相互察言观色，从行为举止、谈吐思想中探究对象的契合度。但如开篇所述的第一种现象，新人入职才一周就去当面试官，自己还没有融入团队，甚至都还没认清团队成员，如何让其在面试中满含激情地介绍团队及团队文化？如果我们承认师徒模式在传授上会有一定的保留，那就更不要期待一位刚入职的新人愿意给自己添一位竞争者，在面试中他不试图劝退应聘者就已经是心胸宽广了。即便这位面试官愿意接纳团队成员或积极完成招聘任务，那么只要在面试过程中出现对团队愿景、使命以及成员不够了解，都会给应聘者留下不好的印象，最终影响面试结果，很有可能流失一位优秀的应聘者。这样的面试官安排，是律所或律师团队不重视招聘工作折射出的一种现象。

　　我们再来看一下另外两种情况，即让人力部门的职能人员全权负责招聘。职能部门似乎享有律所人事的"生杀大权"，但在现实的律所管理中，大部分职能部门负责人的权力极其有限，对人事任免几乎没有否决权，人事专员的工作权限往往只停留在收取简历这一环节。另一方面还有现有律所人力部门人员能力的局限性的原因，除非业务团队能够提供明确的人才画像和简历筛选标准，不然人事专员几乎没有能力作简历初筛，他们无法判别哪些简历是符合岗位要求的"有效简历"。例如头部律所对应聘者的学历要求很高，在招聘广告上会写"本、硕均毕业于'五院四系'，工作经历特别优秀者亦可"，非法律出身的人事专员对"五院四系"都很难辨别，更不用说对"工作经历"优秀与否的判别。因此，如果没有充分授权，或无合伙人参与，很有可能在简历筛选环节就无法区分"优秀"与"平庸"，导致招聘标准形同虚设。这边没有给职业经理人授权和培训，那边又将人事责任完全归咎于他们，这不是一个优秀组织的协作状态，但却在行业中普遍存在。一位律所主任曾和我说："我根本没有时间招聘，我最享受的状态，就好比我是一个吃饭的，你们都是厨师，把菜做好了拿上来，端在我面前就可以了。"我反问他，你会不会经常有"吃完饭骂厨子"的状态？他笑而不语。

人力资源管理大师戴维·尤里奇曾说："选人、用人、激励人、培养人都是管理者应具备的能力。"那么，在律师行业，团队管理者应该是律所主任及合伙人，而非人力资源专员。招聘工作作为人力资源管理系统工作的一环，真正需要为人才选拔承担责任的人正是这些团队管理者，他们应该成为招聘环节的面试官，而不能做"甩手掌柜"。

最后有一个情形也是一个重要理念，在选人过程中，我们需要招聘比自己优秀的人才——选择优秀。在我过往十几年的企业人力资源管理经验中，我都坚持招聘比自己优秀的人（各方面或全方面优于我）或是高潜力人才。无论是律师、工程师、媒体、设计、人力资源、财务乃至前台和保洁，我都只招聘最优秀的人，为什么？只有以招聘比自己优秀的人为目标，才可能在组建团队时向卓越目标挺进。和最优秀的人一起工作是对其他团队成员最大的福利，他们能在相互学习、影响下成长得更快，在沟通与合作上更有效率。所以，这就要求面试官在面试时对于这一理念有充分的认知和态度，而且需要面试官本身的能力和素质过硬。组织需要"选择优秀"，需要"选择比自己优秀的"，做到这两个要求非常难，这对面试官提出了很高的要求，因为这是战胜个人心理的一个过程，需要面试官有"先公后私"的团队品质，更需要对自我有清晰的认知。我曾应一位好朋友邀请对其律所进行前期调研，他作为主任希望我能协助提升律所效能，进行人力资源管理改革。但我在与该律所管理合伙人沟通的过程中发现，该管理合伙人分管的职能部门均存在能力掣肘的现象，办公室政治频发、部门壁垒严重，与该律所的业务发展实不匹配。当我向该管理合伙人询问原因时，遗憾地听到这样的回答："我难道不知道要招优秀的人么？但优秀的人都有个性，我用不了啊！这些人虽然能力平庸但是又听话又好用啊！"我婉拒了好友的邀请，不再继续该项目。

当代最具影响力的管理咨询大师拉姆·查兰在《人才管理大师：卓越领导者先培养人再考虑业绩》一书中写道："未来的领袖和其他新进团队成员的差别在于，我们招聘这些未来的领导者和高潜力团队成员，并非让他们完成眼前的一两分钟工作。我们之所以请他们，是因为我们相信他们兼具智力和领导能力，即使没那么出色，也八九不离十了。"如果我们简单地将招聘工作全权交付给一名不合格的面试官进行选录，那么就不可能有高质量团队成员的入职，这也将影响团队未来的发展。

律师团队如何设定合格面试官？

面试官人数规模：至少三人以上进行集体面试，如因为各面试官的时间原因不能进行集体面试的，应安排包括初试、复试在内的多轮单独面试。可由人力部门进行第一轮面试，采集基础信息并初步判定价值观匹配度，由业务团队进行第二轮面试，对潜力、业务能力进行进一步考察，最终由律所主任或管委会成员进行第三轮"闻香面试"，作出入职与否的判断。这三轮面试可以在一次集体面试中进行，关于面试流程的设置，我们会在本书另一篇中详解。

面试官岗位人员

人力部门、业务部门合伙人（直接用人部门的合伙人）、律所主任或执委会成员。面试官至少司龄达到 2 年以上，任合伙人半年以上，接受过面试技巧培训，熟悉律所或律师团队的文化及战略，具备岗位人才画像的共识。

（1）人力部门人员根据岗位级别不同可以区分设置，例如实习生、辅庭律师的面试可由人事专员负责，主办律师以上级别的面试由招聘经理参与。出庭律师及以上级别的面试就由首席人力资源官及人力分管合伙人负责进行。

（2）业务部门合伙人须承担所有业务岗位的面试工作，除非合伙人岗位缺失，不建议将该面试权限下放至团队成员。实践中常见的做法是，合伙人授权一位出庭律师完成面试，这是非常不可取的。原因是如果面试成功，他们将成为同事，如果合伙人在团队中没有给予明确的分工或授权，后续不容易在团队内部形成协调分工。"是我把你招进来的"，这个缘分会在很长时间内影响团队成员之间的关系。

（3）律所主任或管委会成员是首席面试官。"老大们"作为面试流程的最后"拍板者"，需要参与所有面试的终面。这不仅是对应聘者的尊重、对面试结果的修正，最重要的是，只有这个组织的"老大"才真正知道自己的组织需要什么样的人才。杰克·韦尔奇会亲自参与面试GE前125名的管理人员应聘者；百事可乐总裁韦恩·卡洛维（Wayne Calloway）会面试前500个最重要的岗位的申请人；管理大师吉姆·柯林斯在《从优秀到卓越》一书中写道："商界人士最重要的决定不是如何做事，而是如何聘人。"

面试是最有效的选人方式，而面试官的合格与否、优秀程度直接决定了团队选才的成功率，这是组织招聘理念及面试流程设置的前置内容。选择合适的面试官梯队，定期进行面试官的考核与培训，让他们多掌握面试技巧，是团队人才选择与招聘极其重要的一环。

使用人才画像
精准招聘

　　"画像"这个词儿在律师行业盛行已久，"客户画像""战略画像""人才画像"……但这么多年，几乎没有律所或律师团队输出过"画像"的成果。我的一位同事笑称，"'画像'这个东西从我当律师开始就在嚷嚷了，现在我都熬成权益合伙人了，也没见有个文件什么的！"

　　"画像"到底是什么？为什么重要？2022 年 6 月，我在智合"律师管理与合伙人领导力"的课程上任中方导师，主办方希望我分享人员招聘的方法论与技巧，我在思考后选择了"人才画像"这一主题。作为精准选人的第一步骤，面试官合力完成人才画像的设置，对精准选人极其重要。

设置人才画像的意义

　　没有最好的团队成员，也没有最好的老板，只有最好的搭配。用人，是一件冷暖自知的事儿，萝卜青菜各有所爱，适配度最重要。人才画像就像招聘的一把尺子，能够准确衡量应聘者和招聘要求之间的差距，也是统一合伙人面试标准的一个必要工具，让律所及团队的文化能够持续传承。如果没有人才画像，或者人才画像是错误的，那么可能会出现两种情况：①你不知道对面站着的人是不是你想要的人；②即便对面站着的是你想要的人，你也分辨不出。

　　合伙人着急用人的时候往往会说，"先招进来用用吧，不行再开掉，总要找人干活"。这种心态是早期律师行业人员流动较大的一个重要因素，也是掣肘团队发展的因素之一。律师的工作不是体力劳动，而是脑力劳动，团队成员出卖的是智力，这是有标准、门槛的，不加选择"找人来干活"的后果，往往就是活没干好，还惹来一身麻烦。我的一位同事因为业务需要急需招聘短期实习生将案子接上，正巧面临春节，很难招聘，这时正好有一位朋友推荐的小孙同学不回家，在找寒假实习工作，于是未经面试直接交办了工作任务，没想到这位小孙同学不仅将工作做得一塌糊涂，耽误了客户工作，还因为与团队成员之间的沟通矛盾造成了非常不好的影响，这个事件让我同事苦不堪言，最终向我表达了未来在招聘上一定接受"宁缺毋滥"的惨痛教训。李祖滨老师在《聚焦于人：人力资源领先战略》一书中提到，"如果你是从'选人'而不是'做事'开始的话，就更容易适应这个变化莫测的世界；如果你有合适的人在车上，那么如何激励和管理他们就不再是问题；如果车上坐的是不合适的人，无论你的方向（战略）多么正确，仍然无法达到你的目的地"。因此，所有的面试官都要做好守门员，人才画像就是守门员手上的武器，是精准选人的前提。

何为人才画像？

　　古代官府为了抓捕罪犯，会让画师画出罪犯的画像，并发布逮捕文书贴在城门口。罪犯特征越清晰，就越容易识别。在当今刑事犯罪领域，速写犯罪嫌疑人的面部特征，也是精准逮捕的重要手段。招聘工作和以上两种情境类似，需要在茫茫人海中寻找"目标人物"——应聘者。应聘者在招聘之前的形象都是模糊的、不定性的、可被探究和寻找的。画像越精准，我们找寻到合适应聘者的可能性就越大。不像应届毕业生是一张白纸，可以根据合伙人的意愿塑造，或一些孵化型业务板块可以提供容错时间，大多数律所或律师团队的招聘都倾向于"即招即用"。对比两种不同情况的招聘，有一份高精准度的"人才画像卡"和合伙人凭直觉及经验"盲招"，前者的精准度和成功率会高很多。如果想培训一只猪上树，为什么不直接招一只猴子？但是如何定义"猴子"并发现他，就需要依赖"人才画像卡"。

美国哈佛大学教授戴维·麦克利兰（David·C. McClelland）博士提出冰山模型（图2-1），即看得见的学历知识、操作技能、经验等，是冰山上的部分；而看不见的个人特质、动机、如主动性、人际能力、客户意识、成就动机则是冰山下的内容。

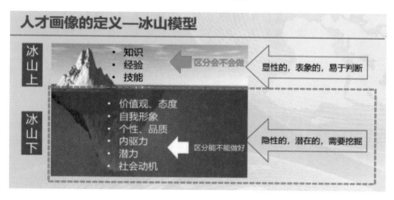

图2-1　人才画像的定义——冰山模型

律师招聘具有行业特性，通过法考是硬性条件之一，法考成绩、毕业学校、执业年限、专业领域、是否有留学经验、外语能力、实习经验、案件办理情况等都是冰山上的部分，很容易从简历中看出。冰山下的潜力可以通过面试、笔试、性格测试来探索。因此，律师团队招聘的人才画像设置完全可以参考"冰山理论"。

在面试之前，所有面试官都需要编辑并确认已达成共识的《人才画像卡》，提高招聘精准度。《人才画像卡》示例（表2-4）：

表 2-4 天同互联网法律服务团队主办律师《人才画像卡》

互联网团队主办律师人才画像卡		
岗位名称	主办律师	
岗位使命	让互联网领域变得更加规范与安全. （要与组织/团队价值观相匹配并承接）	
考察项（有一项不符合就不能入职的考察项）		
冰山上	1. 知识产权专业硕士毕业或相关业务领域执业 2 年以上	
	2. 28 岁～32 岁	
冰山下	团队协作	体现自愿合作和协同努力的精神，愿意通过团队协同完成案件或者律所长期发展，相互激发团队成员的工作热情，营造积极向上的团队氛围。
	坚韧不拔	具有坚韧刻苦的精神，将压力视为动力，在面对内、外部客户、案件时能经受艰苦的生存条件和劳累的工作，无惧高压，始终展现强大的毅力，坚决完成任务。
	分析判断	对案件或者业务或能进行剖析、分辨、单独进行观察和研究。并能对人、事、业务有独到的见解，为自己、客户或团队发展解决问题提供助力。
	有效沟通	有意识地传递清晰、直接的信息给沟通对象，并使用恰当的沟通礼仪，即使出现争执仍保持礼貌和克制，能让沟通对象作出预期中的回应。
	卓越交付	具有在规定时间内交付任何独特、可验证的产品、成果或提供法律服务的能力，高质量完成工作任务。

如何制定《人才画像卡》？

《人才画像卡》可以由管委会、合伙人组织专题性会议设定，也可以在团队内部设定，设定时需要所有面试官达成人才画像共识。在企业中，《人才画像卡》的设置会采用"世界咖啡""无领导小组"的模式进行，如果律所的人力资源体系足够强大，也可以采用这样的形式共创。但现实中，很难将合伙人聚集到一起制作《人才画像卡》，提成制律所各板块、各团队的人才需求大相径庭，公司制律所又很难聚齐合伙人探讨人才画像，且每个业务板块需要的人才画像也都有自己的特殊性。

考虑到现实因素，我个人在推广领先人力资源管理理念的实践中，开发了两个有效工具——《问题清单》《人才素质卡》，可以快速帮助律所或律师团队在短时间内设置《人才画像卡》。获取工具后，需要合伙人或面试官们在面试前的1个小时内，探讨确定该岗位的人才画像，并应用于人才招聘。

《人才画像卡》与《岗位职责说明书》的区别

熟悉劳动法的律师们对《岗位职责说明书》一定不陌生。在劳动争议案件中，我们会经常看到《岗位职责说明书》，部分公司制律所也借鉴企业的经验制定各个岗位的职责。当然，大多数律所没有《岗位职责说明书》，合伙人们都是按照招聘海报上的招聘要求来面试的。

我们先看下《岗位职责说明书》（表2-5）的样子：

表2-5 《岗位职责说明书》

一、基本信息				
姓名		性别		出生年月	
岗位名称			担任职务		
进入公司时间			担任本岗位时间		
学历			所学专业		

二、岗位目的
（岗位存在的价值和理由：工作依据+工作行动+工作对象+工作目的。例如，销售经理岗位目的：根据公司的销售战略，利用和调动销售资源，管理销售过程、客户关系，开拓和维护市场，以促进公司经营目标和销售业绩。）

三、岗位职责（请尽量列举并按照其重要程度或者流程加以排序）	
工作职责	该项职责工作占用时间
1.	
2.	
3.	
4.	

（续表）

5.	
6.	
7.	
8.	
9.	
10.	
工作时间描述（如：各道工序的操作时间、各类表单的完成时间、各类固定工作职责的工作时间分配等）	

四、工作联系

联系对象	联系主要内容	联系频率（偶尔、经常、持续）

　　我们再来看看我们熟悉的招聘海报上的内容（表 2-6）：

表 2-6　招聘海报

岗位：某业务团队××出庭律师
工作职责 1. 跟客户进行沟通交流，带领团队低年级律师制定诉讼策略； 2. 负责撰写案件中的各类重要文书； 3. 带领团队低年级律师做好庭前准备、开庭等工作； 4. 指导低年级律师工作，并及时反馈。
任职资格 1. 认同本律所价值观； 2. 具有良好的工作责任心和团队协作能力； 3. 热爱商事争议解决法律服务工作； 4. 语言表达及文书写作能力突出； 5. 硕士及以上学历，本、硕均就读于国内外知名院校法学专业，具有扎实的法学专业功底，思维逻辑清晰，对法律专业问题有较强的研究兴趣和研究能力；

（续表）

岗位：某业务团队××出庭律师
6. 已取得中国律师执业证； 7. 熟悉民商事争议解决业务，具备 5 年或以上境内外商事仲裁及国内诉讼工作经验； 8. 具备优秀的中英文文字语言表达、沟通和独立出庭代理能力。

无论是《岗位职责说明书》还是招聘广告，当他们与人才画像作对比，前二者都在描述"岗位"，而后者在描述"人"。如果我们是按照前二者的标准招人，只要看简历信息就可以了，也就是看"冰山上"的部分，但却无法考察"冰山下"的部分，这就导致我们在面试的过程中无话可谈，最多是把简历的内容再重复一遍，或者将面试推给案件讨论会。当面试官不知道如何对"冰山下"的部分进行考察时，面试的内容就会走偏，而"冰山下"的部分，又是应聘者入职后是否稳定、是否能为团队创造价值的关键因素。表 2-7 是两者的区别：

表 2-7　德锐公司研究成果

"岗位说明书"式招聘	"人才画像"式招聘
注重冰山上，忽略冰山下	放宽冰山上，坚守冰山下
能招聘到会做事的人， 很难招聘到能做好事的人	冰山上决定会不会做， 冰山下决定能不能做好
岗位描述，而非人的描述	人的描述，而非岗位的描述
靠培养	靠招聘

制定《人才画像卡》是招聘工作的第一项任务，有了人才画像我们才可以统一面试官的最终决议，毕竟每个人心中都有一个哈姆雷特。《人才画像卡》可以让我们精准定位合适的人才。在实操制作中我们仅需注意三点：

（1）每个岗位都要有一张《人才画像卡》；

（2）《人才画像卡》需要全体面试官达成共识；

（3）《人才画像卡》需要根据团队不同的发展时期及时修订。

OBER法则和STAR模型

让面试更高效

　　相对于其他的招聘方法，面试是最常用的一种工具，当然也是技巧性要求最高的选人方法。人力资源大师杰克·韦尔奇曾说："优秀的人才到处都有，你只要知道怎么去挑选。"在面试过程中，应聘者为了获得工作，往往会掩饰自己的真实信息，或作一定程度的信息夸大处理，甚至不惜说谎。"能言善辩"是律师的基本功，面试时，如果面试官没有较真意识或面试方法选用不当，就很容易被虚假信息蒙蔽，从而作出错误的选人决定。因此，面试的提问是面试成功的关键因素之一。

　　在律所人力资源管理实践中，我借鉴了德锐咨询的"OBER 行为"面试法则和"STAR"深度追问模型，以此总结了适用于律师行业的六大核心面试技巧，让自己的面试成功率相比于初任人力资源经理时提高了40%。事实上，面试的技巧养成并没有那么难，主要有两点：第一，"会问"，第二，"勤练"。近十年来，我每年的面试频率在 1000 人次左右，当我充分掌握了面试提问的技巧与流程，就能获得全面、真实的应聘者信息，从而提高面试成功率。

核心技巧一——面试的所有提问和《人才画像卡》息息相关

　　面试的提问务必要紧扣该岗位《人才画像卡》中考察的素质项，任何与人才画像无关的提问都是在浪费时间，不仅降低面试效率，也会降低面试精准度。诸如"你是否关注了我们律所的公众号"这类不代表任何考察项的提问，都无须在面试环节出现。面试时要杜绝"瞎聊天"，要设计好每次面试的问题及提问的逻辑，确保每次面试都能在有效时间内（一般情形下一位应聘者是1个小时）完成，我借鉴了国际通行的结构化面试方法进行面试问题的设计。结构化面试是指，根据特定职位的胜任特征要求，遵循固定的程序，采用专门的题库、评价标准和评价方法，通过面试官和应聘者面对面的言语交流，评价应聘者是否符合招聘岗位要求的人才测评方法。对立的概念就是非结构化面试，也是我们常见的面试情境，是指面试官对应聘者没有明确的考察维度，面试问题完全依赖经验和主观判断，面试过程就是随意聊天。非结构化面试每次的面试时间都很长，或聊着聊着就变成了案件讨论会的状态。假如应聘者是一位"面试达人"，那很有可能对面试问题的回答能力高于真实的相关工作能力，很容易造成考察维度和工作要求维度不一致的结果。"面试时好好的，用起来就不一样了"现象的出现就是因为面试考察出现了偏差。

所以在设计面试问题时，要以《人才画像卡》为基础，设计这个岗位需要的面试提问，将每个岗位的人才画像与我们面试时的考察维度结合起来，只问跟人才画像相关的问题。律师行业的岗位类型清晰而简单，横向有业务类和职能类，纵向有实习生、律师助理、律师、合伙人、专员和经理。大部分律所只要设计至多5套问题清单即可，其中大部分问题可以通用。关于结构化面试的问题清单，我整理了通用版的结构化面试清单供读者参考。

曾有律所主任拿着"结构化面试清单"询问我："该问题清单太生硬，是否不适合合伙人层级的面试？"这个问题的答案并不在于问题内容本身，而在于心态与沟通技巧。非合伙人的面试尽量采用正式的面试流程，这是对青年律师以及作业律师考察的关键。对于公司制律所以及初创型律所来说，合伙人是事业共同体，而非租用工位、分摊成本的债务人。因此，合伙人的招募与非合伙人的招聘在面试流程、面试方式上要有区别，但这与沟通、考察的内容围绕人才画像进行这一理念并不矛盾。确切地说，合伙人的招募，更需要与人才画像高度契合。

核心技巧二——面试问题要尽量简洁，确保被理解

卓越的表达能力是律师的核心素质之一。我的同事们都是诉讼领域的精英律师，在庭审上唇枪舌剑，语言精准而犀利，直击案件争议焦点。但当他们的角色转变为团队管理者时，这一特质就变得不那么讨喜，特别是在面试过程中。面试，不是辩论与说服，而是询问与阐述的过程，合伙人们在面试时万不可苛责对方，也不要试图将问题说得很复杂，只要让应聘者能听明白、讲清楚即可。毕竟，表达的重点是"达"，而非"表"。

举个我作为参与者见证的真实例子。某律所主任面试行政人事主管，最后一个问题是想了解该应聘者对薪酬的期待，于是说："我们律所是一家刚起步的律所，虽然现在只有 20 个人，但是我们合伙人的愿景是……原本目前还不需要专门招聘一名行政主管，但是为了……的宏伟愿景，以及为了配合……的发展，我们合伙人还是需要招聘合适的人才，但是你曾经是大企业的人力资源管理部门经理，薪酬各方面肯定很高，而现在我们在起步阶段，未来一两年人数可能也不能激增，很多细碎的工作……所以关于薪酬，你怎么想？"这位主任只是想问应聘者对于薪酬的期待，但是鉴于薪酬这个问题比较敏感，创业型的律所又无法在这个岗位上投入过多，为了缓解尴尬或获得"压价"的可能性，他在提问时作了许多铺垫。应聘者听完，这样回答："哦，这个问题我在应聘申请表上已经填过了，我期待的薪酬是月薪 2 万元。"后来，由于双方无法在薪酬问题上相互妥协，这次

面试并没有达成录用结果。

上述例子犯了一个错误，就是面试官在提问时作了过多铺垫，俗话说言多必失，这在心理上让应聘者获得了优势而且还浪费了面试的时间。我在作复盘的时候告知该主任，面试时问薪酬等敏感问题，可以采用底线思维，尽量用最简洁的语言表达，让应聘者无法揣摩你的用意，并且直击问题核心，例如这样提问——"低于多少钱，您不再考虑我们这个岗位了？"关于薪酬，我不是一个拜金主义者，但也没有清高到不谈钱。我坦然面对自己对于金钱的期待，应聘者亦然。如果我们询问："你期望多少薪资？"往往不能获得满意答复，也无法衡量应聘者最真实的薪酬标准。用底线思维的方法简洁快速地询问这类敏感问题，可以更客观地衡量应聘者对于这一岗位在薪酬方面真实的心理预期，从而获得答案，类似的问题还有"你最晚何时到岗？""Offer 发出后需要您在 1 个工作日内回复，不然视同放弃，您可以接受么？"

核心技巧三——多问行为事例，少问假设性问题

"招一个人来培养"并不是招聘初衷，"即招即用"才是每一位合伙人的心声。美国人力资源中心作过调研，招聘到一位完全符合岗位要求的应聘者的概率是 1/2000（这个概率相当于 2014 年美国航天局测出 A1 彗星撞击地球的概率）。因此，我们在面试中需要做的是，尽可能提高面试精准率，向"岗位适格"无限靠近。有一个方法，去寻找一位高潜力人才，用未来的标准考察他。

针对应聘者过往行为事例的提问，是预测未来最好的参考标准。我们可以从他过去的行为中，判断他的思考逻辑、行为方式以及解决问题的能力。因此在面试问题的设计中，要设计考察应聘者曾经的"成功行为"相关的问题，减少对其未来的、假设性的提问，因为这些只能考察到应聘者的认知和想法。例如"如果你担任我们建工部门的负责人，你会做哪些事"，此时，一位有丰富经验的应聘者就会基于获得岗位的需要而给出一个他们认为最标准、最完美的答案，但往往事实上他们根本做不到。这就是为什么我经常听到律所主任和合伙人说，"面试时感觉蛮好的，入职后发现不是那么回事"的原因。行为类提问要注意问题中需包含三个要素："你""例子""场景"。问题要直击应聘者自身，用"你"来强调；问出应聘者过去的行为表现，用"例子"来导入；是什么情况下的例子，用"场景"来把握方向。

少问或不问：

"假如你和主办律师有矛盾了，你怎么处理？"

"假如你遇到难缠的客户，你会怎么办？"

"如果你成为合伙人了，你觉得获得其他律师合作的最有效的方法是什么？"

"你认为你最大的弱点是什么？"

多问：

"在你过往经历中有遇到与合伙人或主办律师出现矛盾冲突的情况吗？你是如何处理的？请举个例子。"

"你曾经遇到过难缠的客户吗？你是如何应对的？请举个例子。"

"你过往和律师合作案件的经历中印象最深刻的一次是什么？请举个例子。"

"过去哪一段经历让你感到最艰难？你是怎样面对和走过来的？"

核心技巧四——深度追问："STAR"模型的坚持运用

当我们用行为面试法向应聘者提问后，他会就过往事例举例，但是我们仅仅让他举例一件事是不够的。人的记忆是不精准的，答案也是可以被加工的。因此，如果应聘者只阐述了一件过往事例，面试官并不能完全判断这件事就是真实的，即便是真实的，也不能判定就是发生在应聘者自己身上的。特别是我们在考察刚取得律师执业证的一年级律师时，如果只用"OBER"模型判断其过往事例，很容易出现偏差。例如，他曾参与某个案件的办理，但事实上只是做了非常初级的辅助型工作，并没有完全介入案件实质性工作。由于实习律师身份，不能参与庭审或直接与客户对接，但这并不妨碍他对整个案件的了解。如果面试官的提问仅停留在介绍这个案件，那仍无法考察应聘者的行为与思想。我们可以观察大部分刚拿证的律师，在已承办案件栏中会密密麻麻写很多，仅从简历本身看，面试官会认为其业务经历非常充实，简历非常漂亮。这时候面试官如果不进行深度追问，很有可能就被表面现象所迷惑，因为无论从执业经历还是工作年限以及实习律师身份看，让其独立承担如此多的案件是不可能的。那我们如何考察呢？

　　遇到这样的情境，面试官需要在基于素质模型的精准提问之后，通过"STAR"模型进行深度追问，精准挖掘应聘者过去事例中的所有行为，从而推导出他是否符合团队岗位的要求。"STAR"模型是结构化的追问技术，也被华为形象地称为"剥洋葱"。我们以考察某案件举例：

　　Situation（情境）：指应聘者代理过的案件所处的背景或环境

　　为什么要接这个案子？这个案子的案源是您的么？客户是如何找到您/你们团队的？这个案件的背景是什么？诉求是什么？争议焦点是什么？案件的主要难点是什么？

　　Task（任务）：应聘者为完成上述案件所承担的具体工作任务

　　这个案子的主要诉讼策略是什么？诉前准备工作有哪些？你们团队是怎么分工的？你是主办人还是协办人？你参与了哪些具体工作？

　　Action（行动）：应聘者为完成上述案件所作出的具体行为

　　你接到案子后做了什么？求助了哪些渠道？都是谁？做了哪些检索工作？在这个过程中遇到什么困难？你是怎么解决的？整个案子你花了

多长时间？具体做了哪些工作？

Result（结果）：完成上述案件后得到的结果或产生的影响

这个案件最后的结果是什么？有什么数字可以衡量？判决了吗？裁判文书网上是否有公示？你还留着调解书吗？当事人有什么评价？后续又做了哪些事？你在这个案子里有什么收获吗？收获是什么？

我在招聘过程中坚持使用"STAR"模型配套"OBER"模型进行提问，这不仅可以对比应聘者面试过程中所述与简历之间的差异，判断内容的真实性，还可以测试应聘者的反应速度和抗压能力，深度挖掘"冰山下"的部分。只要能熟练掌握"STAR"模型，就可以在面试过程中快速发现：

（1）"看过""听过"和"做过"完全不同。如果没有深度追问，面试官无法判断该工作是否为应聘者所做，就容易让一些只承担辅庭工作的律师或"面试高手"以假乱真，将原本不是他负责或创造的业绩移花接木至自己的简历中，无法判断真伪和其真实的心理动因。

（2）不断追问是一种压力测试，可以在面试过程中考察应聘者的瞬间反应能力、语言表达能力、情绪控制能力等，作为一名诉讼团队的合伙人，这是我在选择团队成员时非常看中的能力。因此，"STAR"模型可以作为面试过程中情商测试的强有力补充甚至是替代。

（3）"STAR"模型可以增加面试有效问答时间，在面试过程中不仅考察应聘者在过往经历中的思维模式、解决问题的能力，同时可以在其问答过程中深入了解应聘者的价值观、世界观，从而精准判断其是否适合团队。

核心技巧五——选择优秀，多样化搭建团队

在招聘的时候，要坚持找比自己优秀的人，团队才能越来越优秀。

合伙人不要惧怕找比自己强的人，能领导好强者，你才是王者。在面试过程中，合伙人要在最短的时间内发掘应聘者的闪光点。如果在面试过程中没有发现应聘者有任何一处强过自己，就可以暂时放弃，节省面试时间，不要"恋战"。

我们要警惕"克隆人团队"，下文的第六个技巧会详述这一观点。越是优秀的律师团队，面对的案件及外部市场环境就越复杂，这导致合伙一个人无法掌握全部信息。一个卓越的合伙人可以知道得很多，但不可能知道一切。面试时如果我们只寻找与自己相似的人或比自己差的人，往往会造成思维方式的雷同，即便每个人都很聪明、每个人的知识积累都很丰富，但会让团队趋于同质化。所知、所感都非常相似的"克隆人团队"会阻碍团队发展，让团队"内旋"，导致团队无法向更高的目标迈进。

核心技巧六——相信直觉验证

长久以来，"直觉验证"是律师招聘最重要甚至是唯一的方式，因为当面试技巧不足或信息不充分时，面试官很难区分"事实"和"感觉"。我曾遇到过对自己"阅人无数"有极强自信的合伙人，他们常说："只要 10 分钟，我就知道他是什么样的人。"这在心理学上称为"证实偏见"。如果面试官根据前 10 秒的握手或短暂的介绍就预测面试的结果或作应聘者适合与否的判断，这种即时印象会使面试官在整个面试过程中都想试图证明自己对应聘者的印象，从而导致判断失误。无论是"直觉验证"还是"证实偏见"，都是面试官缺乏科学面试技巧的表现。

在律所管理实践中，合伙人要警惕"证实偏见"，但在本书中我不想摒弃"直觉验证"这一面试技巧，而更希望这个朴素的工具能继续成为提高律师行业精准选人的一个重要手段。前谷歌 CEO 拉里·佩奇

（Lawrence Edward Page）曾提到，在年轻时他的面试准确率只有50%，随着招聘次数的增加，20年后准确率达到了80%。我们一旦拥有了丰富的面试实践与经验，就可以更多地听从直觉，借鉴过去的人才决策经验作出判断。只要我们避免如下几个陷阱，就可以继续发挥直觉认证方法的优势。

1. 直觉陷阱

选相似的人而不选对的人。人们更倾向于选择自己熟悉的事物，这就是"直觉陷阱"。在依靠直觉的人才决策过程中，会有很多因素影响面试官的判断，律师们常年的职业习惯导致律师对信息的敏感度很高，相比于其他行业的从业人员，更容易快速捕捉自己熟悉的信息，这使得面试官在面试时会选择某一特征与自己非常相似的应聘者，总是愿意聘用让自己觉得舒服和熟悉的人，而不是寻求能力互补的最佳组合。畅销书作者马修·萨伊德（Matthew Syed）在《多样性团队》一书中提出了非均质团队的优势，我也多次在课程中提出谨防录用和自己很像的人。集体智慧的建立不仅需要个人能力，还需要团队的不同声音、不同视觉角度和不同的思维模式。那些和我们自己不太像的应聘者，可能在面试时就会和我们有碰撞、冲突和分化，从而让面试的过程很不愉快。但应聘者只要符合岗位需求及《人才画像卡》的素质模型，我们就应该录用他（这里再次强调《人才画像卡》的重要意义）。

相反，如果我们进入了选择相似应聘者的陷阱，团队在后期管理中很容易出现"小团队""公私不分"等现象，从而增加管理难度。例如I型（Everything DiSC性格测评结果）的合伙人，在面试的时候更愿意招聘性格属性同样偏向I型的应聘者。因为应聘者面试时的热情、善谈、对人的关注度高，他们会很快达成一致，往往有"相见恨晚"的感觉。但是如果整个团队都是I型人，会缺少执行层面的落地和可行性的分析，导致"让梦想起飞的人多，让梦想落地的人少"。同样，如果团队中都是 C 型人，都是 D 型人，都是 S 型人，同样的问题也会出现。

2. 羊群效应

运用直觉判断选择应聘者容易陷入"羊群效应"，也可称为"从众心理"，这一现象普遍出现在"群体面试"中。律师们容易顺从大多数人的意见而用错了一个人，就像一群鹿或一群羚羊，最安全的地方就是中心位置，而群体最边缘的位置则最有可能被猎食者袭击。因此，律所在进行群面的过程中，系统运用人才画像，合理安排面试流程，穿插使用信度、效度都高的性格测评工具非常重要，这样就能排除"羊群效应"造成的直觉偏向。

基于直觉与理性的偏差，为更好地利用直觉判断，李祖滨老师在《精准选人：提升企业利润的关键》一文中设计了对面试结果进行校正的"用人决策的十问"。我根据律师行业的特性，作了定制化修改如下（每个正向答案都加 1 分）。

（1）在直觉上，我能相信 Ta 说的话么？

（2）如果我把现在手上最重要的案子给 Ta，我能放心吗？

（3）如果 Ta 没有在头部所的经历，我还会选 Ta 吗？

（4）如果手上有更多的简历，我现在是否会选择 Ta？

（5）Ta 比我现在最差的团队成员优秀吗？

（6）Ta 如果去了其他竞争性律所或团队，对我团队会有影响吗？

（7）Ta 的入职能弥补我们团队现有能力的不足吗？

（8）Ta 在两年内能否晋升为合伙人或更高级别的律师？

（9）如果其他合伙人不同意，我还会坚持用 Ta 吗？

（10）如果我不用 Ta，我会后悔么？

如最后得分在 5 分以下，可直接放弃该应聘者；如得分在 8 分以上，可直接录用；若得分在 5—8 分之间，可进一步考察确认。

　　面试过程中的直觉验证只能作为面试流程的最后一个环节或者对面试结果的校准，而不能完全凭直觉选人。精准直觉的训练，也需要经过大量的面试实践，在大数据中提升自己对直觉决策的可信赖度。

科学面试流程
「四步法」设立

场景一：与某律师电话连线：喂，小李啊，你现在有换工作的打算吗？我正好在招助理，你来我这里！月薪 2 万元，后天来上班！

场景二：某律所现场面试：你好，我是 X 律所主任，经李律师推荐，我知道你很优秀，今天和你做个面试。（面谈 2 个小时后）我相信我们能合作愉快，现在就去人力部门签合同吧！

场景三：人才招聘摊位上，某律所负责招聘的某律师：啊呀，累死我了，今天一天面试了五十几位应聘者，挑中不少优秀的人呢！

场景四：某律师与推荐应聘者的对话：小陈啊，我已经和 X 所的 X 主任打好招呼了，他们近期给你安排个面试，就是走走过场啊，你放心去就好啦。

这样"上赶着要人""一天搞定多名应聘者""走过场"等招聘方法会使招聘的成功率降低，导致流失率增高，但这又是律所招聘的普遍现象，原因仍是律所对招聘的重要性认识不足，同时也是没有设置科学的招聘流程的后果。

不规范的面试流程会漏洞百出，每个面试环节都可能增加选错应聘者的失误率，而科学的面试流程能够降低选人的风险。为了减少招聘时间的投入，很多律所都会减少面试环节，一次或两次面试后就匆忙作出选人决定，这很可能为"选错人"埋下隐患。杰克·韦尔奇说："永远不要完全依赖一次面试！不管你的时间有多紧迫，或者不管某个应聘者的表现有多么积极，你都应该多安排几名公司的人与每位候选人进行多次接触。"因此，当我们有了丰富的简历数量、制作了《人才画像卡》、学会用"OBER"模型和"STAR"模型进行面试后，就要考虑设置科学的招聘流程以确保选人的精准度与稳定性。

科学面试四步法：初试——笔试——面试——性格测试

初试：电话沟通（约10分钟）

依据人才画像卡的"冰山上"的部分，我们可以进行简历筛选，没有人才画像卡的，可以根据招聘广告的内容进行简历初筛，随后就可以联系候选人了。在选人的过程中，面试官不要放过任何一个可以接触应聘者的机会。因此从电话沟通开始，面试工作就已经启动了，我将这个环节定义为"初试"。这一步可以由合伙人自己完成也可以委托人力部门人员完成，或者交由团队出庭律师代办。电话初试非常重要，可以避免应聘者在客观上不能完成招聘流程而浪费时间的情形，应用得当的话术，也可以用简单的几个提问识别适格的应聘者。在电话初试中，可以问下列问题：

（1）是否还在看机会？——用于过滤掉简历过期或已经被其他律所或律师团队录用的应聘者。

（2）是否已经离职或正在离职准备中？——用于判断应聘者的求职意愿及入职时间。

（3）离职原因？业务方向？——用于判断应聘者的求职原因，初步判断业务领域是否和招聘需求匹配。

（4）询问是否可以继续参加笔试或面试，并告知大致时间，及后续的联络方式，例如：请注意我们的短信、邮件等。

通过电话沟通，还可以初步判断应聘者的性格特点、语言表达方式、家乡所属地以及其本人的预期，揣摩应聘者的关注点。例如有些应聘者会迫不及待在电话中询问"你们薪酬是怎么样的？""要不要加班？""有没有提成？"这些直接反映了"否决项"，就可以直接过滤掉，不必要再安排合伙人的面试时间。电话初试也是简历筛选的一个手段，但最终目的是为顺利进入后续流程做准备。因此，在这一环节无需采集过于详细的个人信息，更不要在这一步就直接沟通薪酬待遇等敏感问题。我会在面试开始前，要求应聘者填写本所或本团队的《应聘申请表》。《应聘申请表》作为基础信息的采集工具，让"冰山上"的部分直接落在纸面，这样可以把时间更多地留给"OBER"模型和"STAR"模型的运用。

电话面试不仅可以快速筛选出不合格的简历，而且可以让应聘者有很好的面试体验，在未来的工作中有更多的认同感。

笔试（180分钟）或案例汇报或模拟法庭

笔试用来考察应聘者的专业度，这是律师招聘的必经过程。我会放在面试之前，毕竟专业能力是能力胜任的硬性要求。笔试可以线下完成，也可以线上进行，但务必要规定时间，例如在3个小时内交卷。笔试题的设置很有讲究，避免使用选择题和判断题，要用开放的题型考察应聘者的理论功底、文书写作能力以及思辨能力，可选择撰写一篇起诉状、代理词或对一份判决书进行解析、对一个真实案件进行分析等方式进行。

笔试题设置的注意事项：

（1）题目及案例不可太长、太复杂，要容易读懂，便于答题。

（2）符合面试者现阶段能力，难易度适当。例如社招的案例可以更偏向于程序法，侧重考察应聘者的实务经验；校招的案例题目可以更偏向于实体法，侧重考察应聘者的理论基础和法学功底。

（3）和应聘者约好笔试的具体时间，为线下完成的应聘者提供安静、便于作答的办公室；线上完成的应聘者要卡住发放问卷与回收问卷的时间。

笔试是任何律所及团队在招聘律师时都应该进行的考察环节，意在考察应聘者的专业能力。如果有条件，可以增加案例汇报、模拟法庭等方式。专业能力的考核，是选拔律师岗位的核心，务必要在入职之前完成，且不可以抱着"试试看"的心态招聘。现实中面试官通常会把专业能力的考察放在主面试环节，占用原本应该考察"冰山下"部分的时间。

面试：选拔人才最有效的方式（约 50～60 分钟）

我一直强调非合伙人的招聘是招聘，合伙人的招聘是"招商"，这两类面试要用不同流程，下文以非合伙人面试为基础介绍。

（1）提前安排洽谈室，洽谈室大小要合适，最好是可以容纳 4～6 个人的安全、明亮的空间。太大或太小的办公室都会造成应聘者及面试官的体感不适。

（2）《应聘申请表》可以在线上提前完成，也可以等应聘者抵达后现场填写。在《应聘申请表》上，律所可以在《个人信息保护法》允许的范围内，采集关注的信息作为简历的补充，这样不仅可以提高面试官对简历信息的读取效率，还可以确保招聘文档统一保管。如果律所有 E-HR 系统，还能一键生成电子档案，形成属于律所的人才数据池，以备后续任何需要的时候读取信息。如线下面试或应聘者在现场填写《应聘申请表》，还可以给应聘者提供稳定情绪、熟悉环境的时间，有利于平复面试带来的紧张情绪。

（3）进行面试。无论是集体面试还是单独面试，都需要面试官和应聘者双方集中注意力，可以由人力部门开场介绍面试官，简单寒暄后即可进入面试。合伙人们要注意，尽量避免把面试环节变成案件讨论会，这也是笔试考察存在的意义。在这个环节，面试官妥善运用"OBER"模型和"STAR"模型对《人才画像卡》中的素质项进行提问，即便面试环节有关于案件的讨论，也是为了根据人才画像的素质要求考察应聘者的分析判断能力、客户沟通的能力等，比如出庭律师的其中一条素质项是"团队协作精神"，那么我们可以从简历中的某个团队协作案件进行提问——"请你就这个案件为基础，给我们介绍一下你在团队协作方面是如何做的？"这是一个非常重要的点，很多合伙人都会在这个阶段很自然地进入案件本身的讨论，这就进入了"考察专业"而不是"考察人"的误区，浪费了面试的时间。

（4）面试收尾后，要告诉应聘者后续的面试流程，同时告知结束面试后何时会出结果，可以统一采用这样的话术——"谢谢您今天参加我们的面试，后续我们将根据今天面试的结果对入选的应聘者进行笔试，笔试会有 HR 通知。全部流程结束后，我们会在 3 个工作日内给您答复。"对应聘者进行后续流程的答复是我多年面试的必有程序，尊重应聘者是对每一位面试官的基本要求。我坚信，当对面的他无法成为我团队成员的那一刻起，他就已经成为了我的准客户。

性格行为测试（根据测评软件的情况，在 15 分钟以内）

性格行为测试是面试的补充，可以弥补面试官在面试过程中尚未发现的应聘者的深层次性格特点，同时借用性格测评对应聘者的全面性格特征作深入评估。性格没有好坏之分，面试官要做的是根据测评报告各个维度的分值，评价应聘者与岗位的匹配度，而不应该作品格判断。我作为美国威利公司（Wiley）版权所有的 Everything DiSC 性格测评的国际认证导师，多年来一直使用的是 Everything DiSC 这一测评工具。此款测评工具是目前全球最精准的适应性测评，相关课程也已研发成功，我曾在多家律所进行输出。由于其强大的功能，Everything DiSC 性格测评工具在天同互联网法律服务团队不仅用于招聘，还用于团队成员个人发展、绩效面谈等。

市面上性格测评工具非常多，无需拘泥于一种，只要符合团队的使用习惯即可，国际通行的 MBTI、PDP 以及德锐咨询自主研发的 DR01 测评工具等，都是非常好的工具，可以作为面试的补充。无论采用何种性格测评工具，只要确保信度和效度，便于面试官阅读理解即可。测评工具的选择要注意几点：

（1）有可用的测评软件或平台——不建议使用纸质版本或线上免费版。

（2）信度高、效度高。

（3）测试时间不宜超过 20 分钟，尽量使应聘者可以在完成测试后自行阅读报告。

（4）每位面试官都能熟悉掌握该测评工具，了解每个测评因子对应的应聘者可预测能力。

如果能科学设计面试流程，就能大幅度提高面试结果的精准度。完整的面试流程可以给应聘者提供非常优良的面试体验，从而促使应聘者更加珍惜入职机会。这里有几个关键点需要提示：

（1）尽量不要在同一天完成以上四个面试环节，需要给面试官足够的时间对比。如果每一场面试都是有效面试，面试官面试人数大概在 6 人左右。一天面试 6 位以上的应聘者，会十分疲劳，最终降低面试效率。

（2）确保应聘者抵达律所的时间在 2 次以下，避免应聘者多次来回导致体验感降低。

（3）笔试题要紧紧围绕团队业务本身，进行定制化设计。尽量使用团队自己正在办理或已结的案件，面试和笔试需要分天进行。

（4）性格测评是面试的补充，建议使用正版测评软件。如果是付费测评，从成本的角度考虑可以放在面试之后；如果是免费测评，这一环节可以在面试前完成，更能增加面试询问的侧重性。

（5）最好的面试官对于人才的预测效度是最差的面试官的 10倍，A 级面试官才能吸引 A 级人才，B 级面试官只能吸引 B 级和 C 级人才，而 C 级面试官则谁都吸引不到。因此，面试官的设定是律所及团队在面试流程设定时必须关注的重中之重。律所主任或合伙人必须是首席面试官或者是面试流程的最后一环。

《重新定义团队：谷歌如何工作》一书中写道："快速的招聘流程并没有实质性地提高应聘者的应聘体验，也没有提高应聘者接受我们工作邀请的比例，因此我们的关注点仍然在于探寻方法聘用我们可能忽略掉的人，而不是加快或减慢招聘流程。"从我多年的实践来看，面试流程如果由以上 4 个环节组成，可以极大提高面试精准率。但各位读者朋友可以不拘泥于以上流程，根据律所和团队自身情况进行面试流程的设置，适合自己的才是最好的，成功选择优秀的人才才是面试的最终目的。

通过试用期才是
招聘工作的终点

大家长久以来对招聘工作有误解，认为招聘的终点是劳动合同的签署，即入职。其实不然！招聘工作完成的标志应该是应聘者最终通过试用期的考核，并成功转正。

大家都认为试用期的管理与考核是绩效管理的一部分，其实试用期是面试考察的延续，属于招聘管理流程。

"小李表现挺好，给他提前转正吧！"

"试用期 6 个月有点长，签 1 个月得了！他好不好，我用用就知道了。"

"就不要试用期了，这人我很看好，有试用期会不会伤感情？"

"试用期薪酬必须打折，如果看走眼了，全薪就浪费了。"

这些话术，我们应该都不陌生。其实大家对试用期的不合理应用，是浪费了《劳动合同法》赋予的"法定福利"。劳动法律专业的律师们都清楚，这是一部更倾向于保护劳动者的法律。但其中却有几条非常利好于用人单位，例如关于试用期的规定。作为律师行业的人力资源研究人员，我更愿意站在管理学的角度解析《劳动合同法》。法条允许用人单位可以对试用期的薪酬作"折扣"处理，并提出在试用期期间，如符合法律规定解除劳动合同，用人单位无需支付经济补偿金。这些规定的存在非常有利于我们在应聘者入职后，继续识别并考察人才。

如果我们没有利用好试用期的管理价值，那将使人才的选择与考核事倍功半。

试用期是"移植匹配度"的关键期

医学上将用手术等方法把某一有活力的细胞、组织或器官移植到其他肢体或另一个机体，使之继续发挥原有功能的疗法，称为移植。为确保移植的成功率，在移植手术前，需要对双方某些组织要素进行配对，只有在所有指标都相符的情况下，才能进行手术。移植后也需关注是否有排异现象，发现问题及时处理，否则将危及生命。

新成员的入职，类似于医学上的移植，即便应聘者通过了层层面试，也仍需要团队在试用期内考察其是否能匹配团队，包括人际关系、业务模式、价值观等。新成员签署劳动合同并不是确认选人成功的标志，更不是招聘工作的结束。能够通过试用期，真正融入团队、创造价值才是招聘环节的终点。

新成员入职后，将经历四大心理阶段（图2-2）。认知这四大心理阶段，将有利于新成员与团队快速融合，合伙人也可以在这四个阶段考察新成员在面试中没有被发现的特质，并陪伴成长或适时止损。

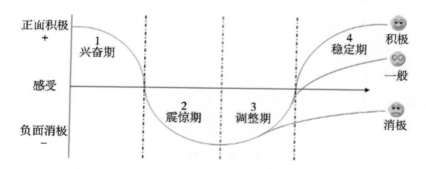

图 2-2　新成员的四大心理阶段

1. 兴奋期：我终于开始新的事业阶段！

进入新组织前，几乎所有人看到的都是这个组织正面的信息。在招聘环节，组织对应聘者进行背调的多，但应聘者对律所或团队进行背调的少，即便应聘者进行了背调，在非常小而封闭的律师圈子里，也很难听到足够多真实的声音。加之面试时大多数面试官会倾向于美化自己的团队，应聘者获得的对团队的认知，基本上都是正面而激励人心的。因此，在这个时期，新成员会有非常高的期待，工作投入度和热情度都很高，愿意且主动要求承担更多工作，对团队成员也会表现出最大的热情和好奇心。

2. 震惊期：怎么会有这么多问题！

仆人眼里无伟人。随着对律所和团队的浸润式了解，很多"丑陋"的东西就开始慢慢暴露。新成员会逐渐发现事情并不如自己曾经"以为"的那么美好。如果组织本身缺乏"健康"因子，办公室政治猖獗、团队氛围扭曲、成员之间相互心怀芥蒂，或者在这段时间有骨干成员流失……那么新成员彷徨、犹豫的心态就出现了。期待和现实的差距，会让他们产生重度疑惑。

3. 调整期：合伙人的关注程度决定了后续的发展！

调整期很重要，这是一个自我说服的时期。如果在这段时间里，合伙人能够给新成员足够的关心，帮助其尽快调整心态或适应团队，及时给予预见性的支持，那么新成员很容易度过这个时期并进入真正的工作状态。调整期是离职率最高的阶段，如果不能跨越，新成员很有可能快速流失。如果新成员平稳过渡，也有两种需要合伙人关注的心态：一种是新成员真正融入了团队；另一种是暂时没有更好的选择，先"猫着"再说。这个时间段大概会出现在新成员入职后的1.5～2个月内，合伙人及团队老成员要及时关注。

4. 稳定期：积极？一般？还是消极？

当新成员度过了调整期，进入稳定期后，心态就平和许多，行为模式也会更贴近团队。合伙人们要坚信，任何一名新成员都是以开放的、接纳的、积极的和自我重塑的心态进入一家新组织的。特别是应届毕业生，一定已经做好了走出象牙塔接受社会磨砺的准备。因此，只要给新成员提供足够的归属感，帮他们改变固有的限制性观念，就能很快进入稳定的工作状态，此时的心态是对试用期考核谈话充满期待。

合伙人不仅要关注新成员在试用期内四个阶段的状态，也要了解团队成员在不同时期离职的原因。我在"律所'招错人'的损失触目惊心！"部分与大家一同计算了成本损失，特别强调这个成本计算是不区分"主动离职"还是"被动离职"的。作为合伙人无论是"炒鱿鱼"还是"被炒鱿鱼"，成本是没有区别的。因此，我们要确保精准招人后，能留住人。根据我多年的人力资源管理经验，总结了以下阶段团队成员主动离职的原因，供各位读者朋友参考：

➤ 1 周内离职，极有可能是个人原因（意志力不佳、突然的健康问题、突发的家庭情况）。

➤ 1 个月内离职，大部分原因归结于面试官成员在面试时给出的信息与实际情况相差甚远。

➤ 3 个月内离职，很有可能是团队环境原因，例如不接受薪酬的发放形式，业务领域与面试所述不符，无法接受工作环境等。

➤ 6 个月内离职，未通过试用期，被动离职的可能性最高。

➤ 1 年内离职，很有可能是直接上级的原因（心受委屈了）。

➤ 3 年内离职，很有可能是职业发展的原因（"钱"没拿够）。

对于招聘管理而言，如果我们能做好试用期（即前 6 个月）的新成员管理工作，把握好新成员四个阶段的心理状态，识别出不同时间段主动离职的原因，我们就能快速地发现新成员与团队的适配度，作出及时的干预、帮助、调整，甚至是适时止损。试用期是双方选择的过程，正因为新成员都会经历以上心路历程，所以试用期要保证足够的时间。如何充分利用好试用期考察新成员及帮助新成员快速融入团队，我有以下几点心得：

1. 不取消试用期，并保证 6 个月足额试用

给双方一个安全的时间。上半年入职的，劳动合同签署到 3 年后的 6 月 30 日；下半年入职的，劳动合同签署到 3 年后的 12 月 31 日。这个方式不仅可以减少人力部门在续签合同工作上的时间，避免忘记续签《劳动合同》的风险，也可以保证律所及团队能享有法律规定的最长期限的试用期。

2. 试用期全额发放工资

这是我有人事决定权后坚持使用的管理原则。虽然法律规定用人单位在试用期内可以支付合同约定的 80% 的工资，很多律所也认为这个"折扣"占了便宜，可以在确保应聘者正常入职的情况下，减少固定支出，维持现金流，避免招聘不适当人员的更高成本。但事实上，试用期打折的行为可视为"降薪"，而高薪才是吸引优秀人才最直接的手段。实践中，组织无论什么原因降薪，表现最好的成员往往会最先离开，并且有极大的可能会加入竞争对手的团队。在我面试的过程中，有 70% 以上的应聘者会询问试用期薪酬是否打折这个问题，也就是说，"试用期打折"是应聘者关注度极高的事项之一，如果处理不好会直接导致优秀人才的流失。律所主任或合伙人在履行管理职责的时候，要有开除人的勇气和支付高薪的霸气，试用期工资不打折也属高薪的范畴。

另一方面，从薪酬感知的心理学角度看，在没有建立信任和足够认同感的情况下，试用期薪酬打折是对工作效率的沉重打击。如果一个新成员在试用期的工作效率与转正后的工作效率差异很大，那么前面省下来的薪酬事实上造成了效率亏空。全薪酬的新成员在试用期的努力程度

会比薪酬打折的新成员高 40%～50%。

3. 全额发放试用期工资的前提下，不提前转正

没有试用期工资打折的规则，可以尽可能避免新成员为了更早拿到全额薪酬而急功近利，充分保障合伙人在 6 个月内对其进行全方位的考察。"装一周容易，装半年难"，全额发放试用期薪酬的前提是不接受提前转正，这是权利与义务的对等。试用期的另一个好处是，如果团队成员表现不佳或价值观不符，在试用期内解除劳动合同，是不需要支付经济补偿金的，那么组织让新成员提前转正，事实上就是放弃了这个"法定福利"。

4. 严格的试用期考核（核心且关键）

试用期全额薪酬给合伙人更多的时间及底气进行试用期考核。在这个阶段，简历信息的缺失和面试过程中存疑的地方可以被再次印证。一旦发现不合适，就可以及时止损，果断分手。试用期考核可分为三个阶段：入职 1 个月的访谈与沟通，重点考察新成员对律所及团队的主观感受和认可度；入职 3 个月的业务综合评价，重点考察专业能力，如文书写作、庭审技巧、案件分析、逻辑思辨等；入职 5.5 个月（试用期结束前半个月）的 360 度考核，相较于企业，律所及律师团队规模较小、人数不多，无需采用市面上复杂的 360 度考核指标与表格，完全可以以合伙人的主观印象和感受为基础，再征询团队其他成员的意见。如果团队在组织健康和领导力层面已经很优秀，那么试用期考察是一件非常容易的事。

试用期的四个阶段是相互影响的，合伙人不仅要关注新成员的心理状态，同时也要关注老成员在新成员入职后的心理状态，这是一名团队管理者应有的态度。最后请一定刷新一个认知：招聘的最后一关，是通过试用期。

律所校园招聘
指导手册

"校招的摊位学校是有指标的，今年不去，明年就没有了！"

"校招花钱花时间，留下来的人都成了现在的青年骨干，但从招聘比例来看并不划算。"

"校招的流程太复杂，太占人力物力了，转化率又不高，后来校招我们也就是走过场了，更多作为品牌宣传手段。"

"我们和头部所并排一个摊位校招，我们这里无人问津，那边门庭若市，感觉我们是来陪跑的。"

我走访律所时，总避不开校招这个话题，以上都是谈及校招时听到的一些"牢骚"。我曾和我的团队组织过三季大型校招，即便在我本人操刀的情况下，也不免有合伙人向我吐槽"劳民伤财""效率太低"。那么，校招到底适不适合律师行业呢？

我是支持律所进行校招的，这不仅是一次招聘选人的行动，同时也是一场品牌宣传活动。人才是律所的种子，从"娃娃抓起"的种子，可以为律所形成人才接力棒，预防青黄不接的情况。并且，从应届毕业生培养起来的律所人才，是实现律所传承的重要手段，"本所 Baby"会继承律所一贯的工作习惯与思维模式，在客户面前展示统一的专业形象。同时，校招是一次非常快速的雇主品牌形象的宣传。

但校园招聘并不适合初创的律所或体量规模特别小的律所。

组织能力不够不要做校园招聘

我做律师前，在国内某知名大型快消品企业就职时，每年2—4月份的春招和8—10月份的秋招是总裁办和人力资源部的重点工作，培训部和组织发展部的同事会在年度规划中就两次校招会做好详细的预算工作，在校招开始时，需要出海报、出宣传册、对接学校、预热宣传、对接公司内部宣讲嘉宾、准备路线等。即便当时我只是绩效管理部的负责人，也需要抽出人手做跨部门协助，提供校招支持。对一个企业来说，这不亚于一场"全民运动"。校招是一个系统工程，在现阶段的律师行业，如果律所没有足够的资金、没有完善的人力资源体系、没有成熟的管培生培养机制，在不否认校招价值和意义的前提下，尽量不要盲目进行校园招聘。

完成卓有成效的校园招聘的工作清单

1. 准备工作

（1）制作招聘的人才画像，确认供需平衡的人才储备战略；

（2）成立校招小组，负责整个校招活动的策划和实施，并要求全所积极配合参与——主任牵头，人力部门和业务律师配合；

（3）制定招聘海报或录制相应视频（用客户思维招聘，律所介绍、愿景展示、核心优势——薪酬、福利、成长）、对接各学校（时间、地点、展台位置、宣讲场地、自行设计空间）；

（4）物料准备（宣讲会使用的宣讲PPT、主持人稿件、展架、海报、宣传彩页、工作人员胸卡、矿泉水、电脑，激光笔，相机、A4纸、笔（若干）、面试登记表、小礼品（若干，包括普惠性奖品、特殊奖品）。

2. 落地流程

（1）线上宣传（律所公众号、各自媒体预热、就业官网、学校

BBS、微信群）；

（2）线下见面（宣讲、答疑、简历筛选、笔试初试）；

（3）面试筛选（案例汇报、模拟法庭、合伙人群面）；

（4）入职准备（Offer、三方协议、实习事宜、档案转移、党组织关系确认）。

以上是一份不完全的校招流程清单。要确保一场校招能有效输出，需要动用全所的力量。如果非必须，让每小时费率近 5000 元的合伙人们来组织或参与校招，得不偿失。如果只靠人力部门，又不可能招聘到合适的应聘者。

去普通学校招聘一流人才！

如果没有极强的品牌力度与社会影响力，没法在规模、资金、业务上抗衡"3 万元俱乐部"，那就不要和他们在同一个地方去抢人。去哪里？去普通高校。找谁？找一流人才。

初创型律所、小型律所或在组织变革中的律所，需要一批敬业度、稳定性和忠诚度都高的"战友"，但现实又导致这些律所无法实现有竞争力的薪酬。在这种情况下，招聘名校毕业生是不现实的，即便运气好遇到一两名名校毕业生入职，也很难长期稳定。因此，规模较小的律所或律师团队去名校抢夺优秀人才不是第一选择，也不是最优选择。

没有最好的团队成员，也没有最好的老板，只有最好的搭配。"适配度"很重要，当合伙人执意加入名校校招这场大战时，可能招聘的都是该校的二三流人才。但如果我们去普通高校选择优秀毕业生，那些"高考的遗珠"就会是最佳的人才供给。很多时候，普通高校的一流人才优于名校的二三流人才。所以，当自己的律所品牌、社会知名度以及薪酬给付能力还没有达到行业领先水平，如果一定要选择校招这条招聘渠道，就去普通高校寻找一流的人才。

高效使用网络招聘
平台的六个TIPS

　　大家应该都有各大招聘平台的会员资格，但绝大部分成了"僵尸粉"，从而转向熟人推荐或当地律协网站招聘。究其原因，大家还是觉得这些网站的简历投递率低，律所人手不够没有时间运营和使用这些平台的产品。律所和律师团队要通过招聘网站招聘的岗位，集中在律师助理、行政人员这两类，而大家都知道，这两个岗位都不乏人才，应聘者的简历日活率和招聘平台的推送率也都不低，那为什么总感觉处在简历枯竭的状态？我作为这些平台的"老粉"，给大家分享一些经验。

必须花钱

　　所有的招聘平台、公众号都会冠以免费的名号吸纳客源，但一旦需要定制化操作或使用平台的产品，都需要付费使用，这时候合伙人们千万不要省钱，应将其列入律所或团队的人力成本预算项。拿智联招聘举例，平均1智联币=1元人民币，智联币有期限，也有最低充值额，需要在规定时间内使用完毕。在智联平台上购买各种线上产品，充值后就会成为"白银会员"，可以享受同时在线100个职位等会员权益，黄金会员可享受同时在线500个职位等会员权益。当合伙人们能充分利用这些"游戏规则"，离简历"井喷"就不远了。如果在招聘中始终保持"姜太公钓鱼"的心态，不舍得花钱，将会把招聘战线拉得畸长。律师的创收收入与时间投入成正相关，在管理工作上，能用钱解决的问题，都不应该成为问题。

用好招聘平台的在线产品：先置顶，再"定时刷新"

站在灯光下才能让人看见，在互联网时代，酒香也怕巷子深。合伙人在招聘中，特别是对于急招的岗位，要购买"置顶"和"定时刷新"这样的产品。先设置岗位"置顶"，使用后职位广告始终排在列表顶部，曝光度好就能让应聘者一眼看得见；然后使用"定时刷新"的功能，刷新执行后，职位排名立刻提高，综合考量律师的工作习惯与应聘者即将跳槽的心态，设置定时刷新的时间建议选择以下三个时间段：8：00-9：30，每天清晨上班路上给自己打气时，或开庭前想换脑子时；15：00-16：30，下午看案卷材料看到崩溃时，或闲来无事工歇时；20：30-22：00，自个儿在家思考人生，或加班到怀疑人生时。当然，除这两个常用的线上产品以外，"AI精准刷新""人才沟通""优选推荐的简历"等功能也都很实用。各个平台可提供的线上产品不尽相同，负责招聘的人力资源管理人员及合伙人们可以慢慢研究。

设置合适的岗位名称

设置高大上的岗位名称，对吸引简历很助力，特别适用于律所的职能团队招聘。由于中后台人员属于通用型岗位，与我们处在同一个人才竞争平台上的远远不止律所，还有企业。我们可以把前台写成"律所行政人事专员"、把负责公众号运营的行政专员写成"市场运营主管"、把律所网络管理人员写成"技术主管"。在业务领域，可以把授薪律师写成"主办律师"或"二级合伙人"、把律师助理写成"助理律师"等等，这些都是很好的方法。

职位要求和薪酬是否具有一致性

职位要求要避免主观描述，例如"知名法学院毕业，责任心强，有团队协作精神，做事细心踏实，逻辑思维强，文字功底好"。这会让应聘者产生模糊概念，造成简历"盲投"，导致转化率降低。招聘广告和文案要客观、精准、量化，将工作年限要求、工作内容要求、业务方向要求、技能证书等都写清楚。同时，职位与薪酬要有一致性，如果同时招聘主办律师及辅庭律师，两个岗位的薪酬设置要有梯度，如果职位要求高、薪资低，对应聘者来说吸引力不够，会影响简历投递。

在招聘 PK 时，薪酬是第一竞争力，其次才是律所品牌、业务方向抑或个人魅力。没有进入"3 万元俱乐部"行列的律所，在设定招聘海报时，尽量将薪酬范围写到可接受范围的最高值，要按照"年总收入÷12"设定。假设能支付的岗位薪酬是月薪人民币 6000—8000 元+年终奖2 个月月薪，薪酬幅度就要写"7000—9000 元"，以此类推。

提成制律所可以在薪酬设置中加上提成或分红的比例；绩点制或公司制律所可以在薪酬栏写明绩点制的公式或绩效薪酬。这可以让应聘者在阅读招聘广告时在心理上有所准备，也可以帮助合伙人过滤掉那些在底层分配逻辑上就"道不相同"的应聘者。

福利标签要写满

福利是薪酬的安全性保障，是薪酬的重要组成部分，律所的年度旅游、团队建设、双休、五险一金、年度体检、下午茶、生日会等福利，都可以穷尽填入，这会让招聘广告有足够的吸引力，体现律所人文关怀和人性化品质，毕竟我们将迎来更关注生活品质的"00 后"应聘者大军。

平台简历投递率并不是一个单一的问题，招聘广告的撰写也是一个技术活，是招聘流程中的工具性设置。人力资源工作的每一环都是"套路"，谨记宝典秘籍，助力人才选拔。

第三章

绩效评价篇

赋能型绩效管理

律师行业绩效管理的
三大『认知误区』
与『考核错误』

　　传统的企业绩效考核的一个核心假设是，团队成员都是懒惰的，需要通过高额奖金、扣减奖金的方式，或者其他的奖惩手段，来激发团队成员的工作热情。这一理论源于美国心理学家道格拉斯·麦格雷戈（Douglas M. Mc Gregor）在其著作《企业的人性面》中提出的 X 绩效管理理论——"多数人天生懒惰，尽一切可能逃避工作；多数人没有抱负，宁愿被领导批评、怕负责任，视个人安全高于一切；对多数人必须采取强迫命令，软硬兼施的管理措施。" X 理论基于人性本恶的角度探讨管理问题。在这种模式下，绩效管理激发团队成员的外在动机，而非持续驱动团队成员的高绩效行动。企业家们如果以这个理论作为先导，很容易陷入地主思维，直接与团队成员对立，导致团队成员丧失激情精神、挑战精神和创新精神。索尼前常务董事天外伺朗十几年前针对此发表了《绩效主义毁了索尼》一文，曾轰动全球。

　　律师行业的管理理念及水平与企业管理相比，尚处在初级阶段。律师行业还没有享受过绩效管理带来的红利，就已经陷入绩效管理"原罪"的泥淖。对内，绩效管理、薪酬分配涉及人力资源管理学的高阶理论，且涉及律所中每一个人的切身利益，牵一发而动全身，主任们尚未有足够的理论支撑和勇气去设计一套完善的、有效的管理制度；对外，VUCA 时代的到来，让主任和合伙人们无法回避甚至无法预测前方的挑战。这一切，都让律所绩效评价管理体系陷入困境。

律师作为专业人士的绩效考核跟其他行业有什么不同么？很难说一定和其他领域有什么不同。但是作为一名律师，我个人的亲身经历让我感觉到专业人员的"动力来源"与其他工作者不同。我认为区别并不在于教育背景，而在于心态。美国麻省理工大学斯隆商学院教授、美国著名的职业指导专家埃德加·H. 施恩（Edgar H. Schein）有一个非常著名的理论叫"职业锚"，职业锚是指当一个人不得不作出选择的时候，他无论如何都不会放弃的职业中的至关重要的东西或价值观，实际就是人们选择和发展自己的职业时所围绕的中心。测评者可以根据《职业锚问卷》获得 8 个职业锚类型的介绍并获得自己的"锚定"量表。我在给律所提供咨询的过程中发现，包括我自己在内的80％的专业律师的职业锚类型为"职能型"，即"追求在技术/职能领域的成长和技能的不断提高，以及应用这种技术/职能的机会。他们对自己的认可来自他们的专业水平，他们喜欢面对来自专业领域的挑战。他们一般不喜欢从事一般的管理工作，因为这将意味着他们放弃在技术/职能领域的成就"。这说明，对律师们进行有效的考核和激励，需要从对律师专业知识的认可以及尊重方面设计，这是与企业绩效管理最大的不同。

而事实上，我们总是一味地借鉴传统的企业管理的绩效考核方式，不加更改地用于律所及律师团队的绩效考核，这造成诸多时间与精力的浪费。

误区一：不量化考核就无法体现多劳多得

"不考核，怎么给他们发奖金？"

"不考核，怎么体现多劳多得呢？"

作为第一代中国律所先驱者的"60 后""70 后"的主任们，经历过中国时代变迁，对"大锅饭"向"多劳多得"的转变有着深切的感知，所谓"大锅饭"，就是对一个团队的成员，不区分贡献大小、不区分表现好坏，不区分能力和素质差异，都给予无明显差异的回报，而且这种不公平回报是持续的。但随着互联网时代的到来，"劳"的解释开始逐步体现为"贡献"，"贡献"的呈现方式更具多样性。例如对律所品牌运营的贡献、对律所或团队独有文化的贡献、撰文写书等理论研究对知识管理的贡献以及卓越管理对律所组织效能的贡献，等等，这些贡献很难用量化指标进行考核，这也是律所绩效管理的难题。

实践中，律所的做法是不断增加考核指标的数量，为了确保这些指标的计算准确无误，让专人在日常工作中积累考核数据，在考核实施的时候叠加计算。在这样的操作下，被考核人就容易受到非关键指标的干扰，对实际目标出现认知偏差。不仅人力部门承担了巨大的统计、核算工作，长此以往还会导致管理成本越来越高，律师们的情绪越来越大。现实中，规模型大所并没有完全形成，即便我们经常看到动辄"百人团队"的宣传，但再大的组织，都会被自然地、不断地拆分成一个个小于12人的团队或小组。对于一个12人以下的律师团队，即便律所主任或合伙人没有量化的考核评价工具，也可以对团队成员作出优劣判断。

合伙人大可不必迷信市面上所谓"科学的"考核方式，使用各种表格、软件对团队成员进行复杂考核，事实上只要做到定期的绩效访谈、关注团队成员工作状态、做直接的数据跟进并通过组织团队成员定期述职或例会，就可以对团队成员作出客观公正的评价。如果评价标准是一致的，哪怕是合伙人的主观评价，结果也会是客观的。所谓的"量化""客观"只是呈现方式，与结果公正不能画等号，主观也不代表不公平。因此，不要为了考核而考核，只要评价时的考评人和考评工具是一致的，就不要放弃和怀疑主观评价的准确性。

误区二：不量化考核的事情，没人重视

"我们市场工作做得本来就不好，如果不考核就更没人重视了。"

"我们律所的公众号要写文章，不考核就没有人主动写。"

有这样想法的合伙人明显陷入了情绪焦虑，总是担心某件事情会被团队成员遗忘，或者在他们的心目中，事情本来就很难分出轻重缓急。"事事都重要"的结果就是每件事都很难做好。在绩效管理中，最忌讳的就是对每个行为都进行考核。业务创收和案件完成率是律师的关键指标，无需考核就能自我驱动，特别是在提成制律所。但其他运营层面的事就很难引起专业律师的兴趣及重视，所以很多律所都会用考核指标来要求律师，以达到完成的目的。但以这样的初衷设定考核方案，最终结果很难如人所愿。

要避免这样的误区，最重要的方法是"澄清"，澄清真正要做的事项，并对这些重要的事项分别采取相应的措施，而不是把所有工作都转化为考核指标。例如，对合伙人的综合要求是具备市场能力、作业能力和管理能力，根据每个合伙人的个人特质分别将三类能力进行权重划分、因人而治。市场型合伙人可以在品牌打造、客户维护、案源开拓方面设置较高的权重，其他两项根据律所或团队的要求以及个人精力、能力，设置权重较低的指标或不设权重；管理型合伙人可以倾向于团队管理、晋升人数、团队人效等高权重指标；作业能力是合伙人的基本能力，也是能晋升为合伙人的前提，因此晋升后，可以根据合伙人的实际情况设置，并与团队非合伙人的考核目标挂钩。实践中也有一些律所使用"积分制"的方式来进行团队成员的考核，从案件代理、客户关系、卷宗管理三个维度开展评价，把团队成员分为主办者、协助者、一般参与者三种角色，并设置不同的积分进行分值计算，年底累积。这些都是非常优秀且便捷的绩效管理方法，可以驱动律师们的主观能动性，助力律所及团队的发展。

误区三：管理能力不足，考核来补

"让我们的合伙人盯着律师工作比较难，只能靠考核去督促。"

"我们律所的合伙人都不太会带团队，给下属打个分可以，但不太具备其他管理能力。"

在企业中，让高管主动承认"我管理能力不足，用绩效考核是无奈之举"几乎是一件不可能的事儿，但承认这个弱点，对于律师们竟然没有障碍。大部分律师不能接受外界对于其专业性的质疑，但奇怪的是，合伙人并不对自己管理能力的欠缺感到惭愧。这一现象的原因来自于律师行业的历史发展唯专业论、唯创收论，合伙人无暇或不屑于将有限的精力放到管理上，只寄希望于律所的职能部门或者管委会。在管理上，从表面上看他们似乎表现出很强的结果导向，但实际情况是很少与自己的团队成员深入沟通，不了解团队的行为表现，也不知道如何辅导和推动团队成员的日常工作。再加上律师们都有书生气，中庸、讲人情、好面子等是很重要的特征，合伙人往往不会直接指出团队成员的问题，而期待借助一个量化的工具或拜托管委会来解决自己的"面子"问题。如果合伙人是这样的，那么他们就同时放弃了招聘权、定薪权以及其他管理权力。

当遇到以上管理困境，总有一个声音会说"干脆放弃绩效考核或绩效管理吧！"

当然，也有一批律所管理者仍在努力发挥绩效管理的优势作用，坚持执行考核制度，尽其所能创造价值。对于这样的钻研精神我非常敬佩，也因此在走访中会更多地关注绩效考核以及评价工作在律所中的运用，现将普遍存在的错误示例如下，供各位自查：

常见错误一：考核周期短，过于频繁

考核过于频繁是为了追求安全感。绩效考核要月月抓、天天抓，甚至每月都要拿出 1～2 个完整的工作日进行考核，先自评、再他评，最后进行团队汇总。如果自评的方式是述职，团队成员还需要花费 1 天时间完成 PPT。外地开庭、出差的律师们经常得按照考评会议的时间往回赶。这种情况就会让考核变成过场，不仅考核成本大幅上涨，更重要的是会导致全体成员更关注短期目标，而不注重于团队的整体发展。

考核的最短周期为季度考核，尽量只做半年度考核和年度考核，简化考核模式，减少团队成员为参与考核工作而付出的时间与精力。

常见错误二：考核指标复杂，不利于计算

近几年，律所主任及合伙人在探究团队成长的过程中，学习了许多企业绩效管理的理念，这是好事，但是如果不加调整地照搬照抄企业管理制度运用到律师团队管理中，就会出现混乱。我在走访中看到过这样一份 KPI 考核表，其中关于客户满意度考核指标的计算方式如下：

考核客户满意度：

75%≤客户满意度≤100%，不扣分；

70%≤客户满意度<75%，扣 2 分；

65%≤客户满意度<70%，扣 4 分；

60%≤客户满意度<65%，扣 8 分；

客户满意度<60%，扣 10 分。

阿尔伯特·爱因斯坦（Albert Einstein）曾说："并非所有可以用数字计算的东西都是有价值的，也并非所有有价值的东西都可以用数字来衡量。"这样的考核公式，不仅增加了考核的计算难度，同时也缺乏实操性。对于团队成员来说，越容易理解的东西才会有越高的信任度和接受度。对于复杂难懂的绩效考核计算规则，任何人都会有天然的戒备心理和反抗心理，而最先产生的心理状态是对公平性的质疑。别说用这个方式考核律师，就算是考核职能团队也会遭受质疑。除非有优渥的薪酬支撑，否则这样的考核方式最终将导致人员大量流失。

无论使用何种考核工具，评分机制都要尽可能简单，让团队成员用最简单的计算方法快速计算出自己及他人的得分，不做函数或滚动计算，一目了然，清晰明确。

常见错误三：关键指标不"关键"，知行不合一

无论是 OKR 的"K"，还是 KPI 的"K"，都强调"关键"。因此在考核指标的设置上，要强调该岗位的"关键行为"，而不能"头痛医头，脚痛医脚"。例如：文书经常写错别字，就设个指标叫"错字率"；经常迟到，就设个指标叫"迟到率"；带不好团队成员，新入职人员留不到 3 个月就走了，就设一个指标叫"流失率"。这样会使指标量过多，反而会解决了老问题，带来了新问题，或者考核结果分化为极端的两级。还有一种情况会导致指标库变大，就是指标设置不从团队战略目标出发，每一个指标都对标愿景、使命、价值观，这就会导致指标过于宏观，无法直接量化。

美国社会心理学家利昂·费斯廷格（Leon Festinger）在 1957 年提出"认知不协调"理论，这个理论是指我们很多人在日常生活和工作中都存在的行为和动机不一致的情况，也就是常说的"知行不一"。在律所的管理日常里，要戒备这种"认知不协调"的现象。例如，如果律所的价值观强调的是"以客户为中心"，但对合伙人的考核却严格以创收及利润为考核项，大家就会为了完成收入和利润目标，不惜一切代价，甚至做出违反律师行为规范或违背律所价值观的事情。

正如激励的核心是满足团队成员的核心需求，绩效考核的最终目标是达成组织目标，没有什么是一成不变的管理工具。在制定考核评价和激励制度时，要综合衡量律所及律师团队内、外环境的自变量以及合伙人们的管理思想、当前的管理技术等因变量，灵活地采取相应的绩效考

核措施。无论是上文的"三大误区"还是"三大错误"，都不是未来律所管理和团队发展应该选择的。

我们需要去寻找一个能强化团队目标达成、实现律所及律师团队共创目标的工具。

律师行业绩效
管理现状漫谈

在律师行业谈绩效管理并不容易。大家普遍认为绩效和薪酬是律所管理最头疼的部分。我有很多同事向我吐槽，每年年底对非合伙人的调薪、晋升是一年中管理工作的"至暗时刻"，无论怎么做，都会听到小伙伴抱怨——"我能从薪酬上感觉到您是如何看待我的工作表现及成绩的，但我不知道您为什么会这样评价我""我不知道我比别人差哪儿了""我不清楚您希望我在哪些方面有所改进，我希望我们的考核能足够公平。"一般而言，非合伙人在绩效管理中感受到的不公平主要来自以下三个方面：

（1）指标不合理。绩效指标来自律所或律师团队战略目标的分解，不同团队以及不同个人承担的职责必然有所区别，对在战略目标达成过程中起到支撑性作用的个人或团队，我们应当在激励上有所侧重。如果一刀切，就会造成不公平的现象。

（2）目标值设置不合理。战略目标来源于我们的使命和愿景，决定了律所或律师团队未来的高度和走向。但是它面向未来，因而无法预测。在分解目标时，我们要考虑如何更有效地达成目标，而不是目标设置的合理性。

（3）激励不合理，在有限的激励资源分配时，一定要结合团队成员的岗位价值、个人能力、绩效结果，这样才能达到可持续的公平。

大卫·梅斯特（David H. Maister）在《专业服务公司的管理》一书中写道："专业性服务公司的绩效考核往往过多地关注'向后看'的评估功能（目的是为制定奖励政策提供参考），只包含了极少量的'向前看'的辅导部分。"无论是合伙人还是律师团队，大家经常会觉得绩效考核中制定的目标没有用处，绩效考核标准含糊不清，缺乏任何形式的反馈，对相关流程也缺乏了解。这个问题不仅仅出现在中国律师行业，而是专业服务公司的通病。在这里我们要探究一下：

我们是否一定要用绩效考核？

开始这个话题之前，我们需要回顾上一篇文章中的观点：不要为了考核而考核。当然，在企业绩效管理中，同样存在"为了考核而考核"的现象。在我近12年的企业人力资源管理职业生涯中，有一半的时间专职负责绩效管理工作，即便升为更高级别的人力资源负责人，绩效考核也同样贯穿了整个职业经历。在企业管理中，鲜有董事长满意自己公司的绩效考核制度，"绩效经理"这个岗位也是整个公司职能部门流失率最高的岗位之一。中国人力资源网曾对1200余家企业进行绩效管理认知调研，调研结果显示，对自身运行的绩效管理感到满意的企业只有17.6%，而对绩效管理感到不满意的企业高达71.7%。我转行做律师后，发现这是律师行业存在的一个现象级问题。

当我思考如何进行绩效考核之前，我首先想的问题竟然是我们需不需要绩效考核，毕竟大多数人对于一个事物都表现出憎恨的时候，最好的应对方式是放弃它。2021年4月，我应邀担任"智合律所领导力与发展战略课程"的中方讲师，讲授律所绩效管理这一模块的内容，智合的总经理洪祖运先生告诉我，这门课在课前调查中是期待度最高的课程。因此我判断，各位律所主任和合伙人们并没有要放弃绩效考核，事实上大家都在寻找适合自己的考核方式。基于这样矛盾的现象，我恳谈过将近 100 位律所主任或合伙人，了解到他们急需绩效考核的原因，有如下几种：

1. 路径依赖

中国律师从"单打独斗"进阶到"师徒制"时，是不需要做绩效考核的，1～2 位徒弟的能力高低一目了然。随着业务不断发展，律师团队开始出现，当团队成员超过 4 位时，合伙人就会习惯性指定一位组长，这个时候团队的协同障碍往往就开始出现。一个微小型组织中人为出现了三层汇报关系，这就非常考验小组长的领导力。但被临时任命的小组长总是不足以服众的，为了确保薪酬发放的公平性，或解决团队的问题，合伙人会期待能有一种量化的工具对团队成员进行评价，基于"打分"的考核表应运而生。这时如果没有系统的绩效考核体系，就容易出现"律师行业绩效管理的三大'认知误区'与'考核错误'"部分提到的认知和执行层面的错误，从而影响团队协作效率和组织能力的提升。

2. 情感需要

也许是因为律师本身是文人，身上褪不去"书生的傲骨"，爱面子、讲人情、爱惜羽毛是刻在骨子里的特质。也正基于此，合伙人对于一路同行的团队成员很难抹开面子直指问题核心，而是寄希望于通过工具、数字等"客观"展现那些绩效差的团队成员在工作上的不足。

3. 解决现实困难

在公司制律所和一体化团队中，团队成员不容易有"狼性"。这事实上是激励机制出现了问题，广义的激励包含绩效和薪酬。目前行业中缺乏针对"狼性"不足的人力资源解决方案。迫于创收压力，许多律所或合伙人会借用 KPI、OKR、BSC 这些企业管理工具，但总是很难有效落地。这是为什么呢？

　　所有的绩效考核工具都需要依托 PDCA 的管理模型（图 3-1），PD-CA 管理模型是一套完整的绩效考核和辅导过程的工具。

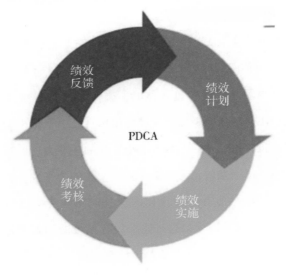

图 3-1　企业传统的 PDCA 绩效管理模型

　　在 PDCA 的绩效管理体系中，除了绩效考核（C），还有绩效计划（P）、绩效实施（D）和绩效反馈（A）三个环节。在实际操作中，需要企业经理人花在其他三个环节的时间远远多于绩效考核打分本身，而这个做法在律师行业很难实现，大部分合伙人放在管理上的时间可能仅是业务时间的 1/4，或者更少。因此，如果将 KPI、OKR、BSC 等工具照搬到律师行业，PDCA 的循环模型就会变形：

　　P（Plan）没做到位：目标不能达成一致，考核的指标由合伙人拍板，并不是与团队成员一起共创沟通得出。事实上，在行业中，"一言堂"的现象非常严重，鲜有非合伙人或二级合伙人参与决策沟通。

　　D（Do）没做到位：没有对考核过程进行指导，填表时谁都不清楚表格设置和计算方式，没有考核结果后的中期评估与调整。

　　过度注重 C（Check）：对结果不能达成共识，或者干脆统一打高分，有时过于严苛，有时流于形式，很大程度上浪费了时间。

A（Action）没做到位：团队成员没有获得有建设性的意见反馈，合伙人没有时间和精力跟进绩效改进计划，考核结果只是为了给奖金的发放找个标准。

我们可以不用绩效考核吗？

在企业管理中，摒弃落后的绩效考核制度已然成风，近年来关于取消、废除绩效考核制度的新闻标题也频繁出现。但纵观律师行业的发展，我认为我们还没有真正开始运用绩效考核，也没有真正找到适合我们的绩效考核工具，如果一切都尚未发生，又谈何摒弃及废除？因此，"要不要摒弃绩效考核"在律师行业是一个假命题。绩效考核在律师行业的运用，应该分阶段来探讨。

我们如何选择绩效考核工具？

根据目前律所常见的业务模式，除了少数专业团队会采用详细的分工进行案件协同外，大部分团队都是律师们对一个案件一跟到底的模式。诉讼案件的周期长、审级多；非诉案件细节复杂、客户互动多，在律师行业里还没有科学设置关键节点指标进行考核的先例。因此，如果要进行 KPI 考核，可以多设置量化的指标，例如接案率、签约率、标的额等。

在律所或律师团队创立初期，或者 10 人以内的成熟团队，不建议用纸质的绩效考核表进行考核，使用 OKR 等目标对齐工具即可。合伙人只要日常多给团队成员一些关注，及时做到绩效反馈，用主观评价作为衡量标准，就能获得精准的评价结果。在敏捷型的专业化团队里，使用 OKR 这样的目标对齐工具提升组织效能，远比考核每个人的能力与产出重要得多。

述职也是非常好用的考核工具，目前也是大部分律所常见的考核模式。可以由合伙人或者人力部门设计述职框架和要点，团队成员据此制作演讲材料，在考核周期内的规定时间进行团队公开述职。这个工具可以作为其他考核工具的补充，也可以独立使用。年度述职是我一直采用的考核方法，不仅可以培养诉讼律师的演讲及临场应变能力，也可以在此过程中形成互动，公开的述职与评价，又可以让团队成员相互学习。

在没有很强的管理能力时，敏捷型的专业化律师团队不要纠结于用量化的绩效考核工具，可以将重点放在战略和选人上。我们可以把绩效管理的起点从"目标设定"扩展到"选人"，通过精准选人打造一支高凝聚力、高产出的律师团队，绩效在选人的时候就决定了；将终点从单次改进扩展到持久的组织能力的提升，通过组织健康的打造，强调团队共同的价值。过程则从考核扩展为持续地赋能与改进，例如战略共识、共担责任、利出一孔、人才盘点等。

传统的绩效管理体系和理念不利于组织发展的原因，是把绩效评估和人才发展放到了一起。如果合伙人需要团队成长，就应该把这两项工作分开看待，起点——选人；过程——持续的人才发展和改进；终点——持久的组织能力提升。

　　我在"律师行业绩效管理的三大'认知误区'与'考核错误'"部分提到律师们对绩效管理的认知偏差，其中"不考核，如何实现多劳多得""不考核，如何识别优秀团队成员"的认知误区导致绩效考核工具的滥用。过度考核、考核流于形式不仅会造成时间和精力的浪费，而且团队容易出现官僚作风或形成"小团队"，最终影响团队业绩和产出。在没有专业的管理咨询公司辅导，或尚未研究出一个适合团队的量化考核工具前，本文给大家介绍一个非常好用的、我自己多年来在天同互联网法律服务团队运用的绩效管理工具——个人发展面谈。

　　大卫·梅斯特在《专业服务公司的管理》一书中提到其在帮助专业服务公司取得成功的过程中，绩效考核与绩效辅导是最受关注和有效的，但绩效辅导可以更好地为团队成员提供帮助、创造机会。事实上，无独有偶，阿里集团学术委员会主席、湖畔大学教育长曾鸣指出，"未来最重要的功能不再是管理或激励，而是赋能"。这意味着组织的逻辑必须发生变化，对于组织中的人才，合伙人要做的是授权、提供成长机会、面向未来、总结经验、提出建设性意见、提供职业生涯的最佳发展个性化建议等，这就是"绩效辅导"。绩效考核关注"向后看"的评估功能，而绩效辅导意在"向前看"。绩效考核是对过往行为的评价，绩效辅导注重未来与改进。因此，在我自己的管理实践中，最常用的、最有效的赋能方式就是绩效辅导的工具——发展面谈。

什么是个人发展面谈？

发展面谈，是合伙人就团队成员在本周期内的表现及成长情况，结合个人发展计划进行的面对面的交流与沟通，从而指导团队成员绩效的持续改进及个人持续成长的一项管理工具。发展面谈的重要功能，就是在了解团队成员"想要什么"后帮助其"获得成功"。发展面谈不仅仅谈工作，更要谈心、谈优势、谈差距、谈发展、谈需要的支持。主要包括如下几项：

（1）回顾周期内的工作成绩并从中吸取经验教训；

（2）为团队成员提供有建设性意义的反馈意见，包括肯定和否定的意见；

（3）制定下一个周期具有挑战性的个人目标，并提供指导；

（4）询问在非工作层面需要的协助与进展；

（5）对合伙人的意见反馈。

马云曾说，辞职的原因无非两种，一是钱没给够，二是心受委屈了。帕特里克·兰西奥尼也在《他为什么不满意：让员工满意工作的三条黄金法则》一书中阐述过三条让团队成员满意工作的黄金法则：工作可以量化、工作对他人有影响、工作被他人重视。而发展面谈，就是在强调——"被重视"，不让"心"受委屈。合伙人如果能够在关注案件、关注司法动态、关注创收之余，每月花 1 小时去关注自己的团队成员"近期发生了什么、想要什么、想怎么做"，团队效能和产出的提升将会超出预期。

发展面谈的常见误区

通过发展面谈，合伙人可以在轻松的氛围中沟通了解团队成员的工作现状、业务困惑以及在平时很难聊起的个人生活。同时能根据每个人在沟通中的反馈、自我认知、个人评价，为人才盘点工作进行信息积累。

发展面谈相对主观，如果作为考核评价工具一定会被质疑公平性。完整的绩效考核系统是由考核工具、考核对象、考核周期、评价标准组成，如果在考核工具、考核周期、评价标准一致的情况下，选择何种考核工具并不重要，这就是我在本书强调的，不要陷入选择绩效考核工具的形式主义的泥淖，不应该着相。我在"律师行业绩效管理的三大'认知误区'与'考核错误'"部分提到，"量化""客观"只是呈现方式，与公正本身不能画等号，主观也不代表不公正。

我们来看两个例子：

团队 A：建工法律服务团队。合伙人李律师死板严谨，缺少对团队成员的信任，极少授权，所有跟案件有关的工作都需要他亲自审批，不允许团队任何人与客户直接互动。因为工作繁忙，他鲜有与团队成员面对面交流，几乎不组织团建，团队成员聚会他也只出钱不出面，日常工作信息都通过邮件或微信群传达，每个月的互动就在发工资那天。

团队 B：知识产权法律服务团队。合伙人周律师信任并尊重自己的团队成员，定期和他们进行面对面交流，鼓励他们自己出具诉讼方案，用引导式带教的方式不断提升团队成员思维高度和案件解决能力。他还十分关注团队成员在生活中遇到的困扰，每一个重大聚会都会和团队成员一起庆祝。

在咨询调查中发现，大多数律师都喜欢 B 团队的氛围，但遗憾的是，A 团队的现象更符合大多数人的现状。我们先不论两个团队在业务板块与创收方面可能的差距，只看两位合伙人在日常团队管理中的风格，就能想象 B 团队一定更有凝聚力且拥有正面而积极的氛围。

我常用"用 1 小时撬动 217 小时"来形容月度发展面谈的价值。我们以每月工作 21.7 天，每天工作时长 10 个小时（大部分律师的工作时长应该远高于这个数字）计算，合计一个月工作 217 小时。如果合伙人每个月能够花 1 个小时完成发展面谈，充分了解他们内心所想，并及时给予反馈与协助，哪怕平时没有时间互动，这也是一次弥补。

多年来，我一直保持与团队所有成员进行月度发展面谈的习惯，这是我每月的例行工作项。虽然辛苦，但我很享受每月一次充当"树洞"的时光。发展面谈不仅是我对团队成员的赋能过程，从团队成员给我的反馈中，我也充分感受到被他们信任、理解和需要。天同互联网法律服务团队的成员已经习惯了这一工具。每月最后一周，他们会自发跟我约面谈的时间，由业务秘书汇总协调。每次访谈我都会重新调整一下办公室的座位，选择一个双方沟通时舒服的位置，团队成员也会将访谈提纲提前 2 个小时发我阅览，然后他们带着录音笔、笔记本准时与我开启 1 个小时的对话。在他们被看到、被听到、被重视的沟通过程中，我如沐春风。

每月一次的发展面谈在管理层面还有一个重要意义，就是打通团队成员对上沟通的渠道，团队成员一定会在协作过程中有摩擦，及时解决固然最好，但大部分时候很难找到一个解决途径。如果直接向合伙人汇报就有打小报告之嫌。如果不能及时解决，矛盾就会积累。在每月面谈中，我会有选择地增加这方面的内容，引导团队成员表达协作过程中的障碍，综合衡量问题的严重性，选择性干预。由于访谈的时间和程序是公开的，团队成员都可以保持心平气和的态度去反思和复述当时的争议情况，不会"打小报告"，即便有这样的倾向，我也会及时给予引导，在不干涉矛盾的情况下，做好一名倾听者。因为每月发展面谈的时间是固定的，团队成员向你表达当时的矛盾时，心态已经平复了，这时候我积极聆听、帮助分析、给予鼓励，才可以帮助他们成长。

在管理过程中，合伙人要有意识地不充当"居委会大妈"以及

"争议解决中心"的角色，不要养成团队成员"打小报告"的坏习惯，如果发现在任何场景即便是发展面谈时，团队成员有这样的倾向，都要及时制止，并给出明确解决途径的引导，例如，"你和他直接沟通过么？""你刚才跟我说的这些委屈和愤怒，你跟他说了么？"关于这一点，在本书"克服团队协作的五种障碍工作坊赋能律师团队"部分有更详细的阐释。

如何让个人发展面谈发挥真正价值？

个人发展面谈有别于绩效面谈和《劳动合同法》规定之下的绩效改进面谈，这是关于"赋能"的谈话。因此在面谈之前要注意设置科学的流程以及学会简单的发问技巧。以下四点需要注意：

（1）面谈可以每月或每两个月进行一次，在首次面谈时，要告知团队成员面谈的时间、时长与目的，单次时间控制在 1 个小时之内，并尽量掌握被访谈者本周期内的实际工作状态及个人状况。可以提前让团队成员准备谈话提纲，主要为本月工作重点、下月工作计划、本月的个人成长与收获，这样合伙人可以提前了解自己尚不掌握的信息，节省对客观事项询问的时间，把更多的时间留给反馈与建议。

（2）面谈地点安排在合伙人办公室或律所洽谈室，尽量避免公共空间和大会议室，要保证空间环境是安静的、私密的、不被打扰的。如办公室不具备访谈要求，有隔断的咖啡厅、茶吧也是一个次优的选择。作为国际认证的企业高管教练，每一次访谈我都会运用教练技术开启谈话。教练是关于前行的指导，每次谈话我给自己设定的状态都是"助你改变一生"，以这个为初心，我的语言就不会像诉讼律师一样过于犀利和对抗。在带领团队的过程中，合伙人有多用心，团队的成长就会有多快。

（3）合伙人要设定好面谈的角色，避免出现类似"审判官"的人设。发展面谈是一次欣赏式复盘的谈话，绝不是一次批斗会或检讨会，更不要把面谈变成案件沟通会。如果每月的发展面谈导致了"打击报复""严肃批评""问题纠正"的结果，那就是一场很失败的沟通。虽然帮助团队成员认识和改进不足是发展面谈不可回避的话题，但反馈的本质是帮助团队成员认识不足，达成改进方案，而不是"接受批评"。如果合伙人在面谈前设定的状态是"绩效改进"，那就请直接进入该主题，提出工作要求，且不可"挂羊头卖狗肉"。关于发展面谈，可以另择时间进行，合伙人要在团队管理中放下骄傲和恐惧，真正和团队成员"在一起"。

（4）谈话的结果要能帮助团队成员总结周期内的收获与优势、分析与目标或高绩效者的差距、明确下个周期的目标与改进计划、为其发展提供支持和辅导。在此过程中，合伙人可以参考"OBER"模型和"STAR"模型，将提问技巧借用到发展面谈的场景中。成功的领导者都善于使用提问的方式进行领导，并且能够营造鼓励提问和回答的积极氛围。合伙人要控制双方表达的时间，尽量让团队成员多说一些，学会倾听。

用"SWOT"模型和"五我"模型做职业生涯沟通

我常将"SWOT"模型和"五我"模型作为新成员入职前两个月面谈的主题。

"SWOT"模型的理论源于竞争战略专家迈克尔·波特（Michael E. Porter）提出的竞争理论，它由 S（Strengths）优势、W（Weaknesses）劣势、O（Opportunities）机会、T（Threats）威胁四个维度组成，是指基于内外部竞争环境和竞争条件下的态势分析，将与研究对象密切相关的各种主要内部优势、劣势和外部的机会和威胁等，通过调查列举出来，并依照矩阵形式排列，然后用系统分析的思想，把各种因素相互匹配起来加以分析，从中得出一系列相应的结论而支持决策性的工具。这个模型很适合应届毕业生就业选择和青年人的再择业分析，因此，这几年我一直将这个模型用于青年律师的面谈沟通过程。下图是 2022 年互联网法律服务团队一位提前聘用的实习生蔡同学在我们第一次发展面谈前，完成的 SWOT 自我分析（表3-1）：

表 3-1　SWOT 自我分析

SWOT 分析法（2022-01-25）

天同互联网法律服务团队　蔡××

分析内容：2022 年初个人职业生涯规划。

分析目的：认清内外环境现状，制定未来 1 年合适策略。

	● 优势 Strengths	● 劣势 Weaknesses
内部环境（SW） 外部环境（OT）	1. 观察力与领悟力强，擅长记录与检案细节，并进行个人知识管理； 2. 抗压能力强，有系统的健身经验与锻炼习惯，行事稳定，能够持久工作而不对相同的任务感到厌倦； 3. 本硕学历，思想乐观，外形良好，勤快谦和，能和他人建立友好的关系。	1. 不活泼，思考一根筋，多任务处理能力差，行事紧绷，缺少观点和立场； 2. 竞争意识弱，过分抑制，安静，行为被动缓慢，习惯于隐退缄默，对反对意见过于敏感； 3. 组织语言慢，表达不够清晰流畅，传情达意不够简洁精准，缺少工作经验。
● 机会 Opportunities	● 优势机会策略（SO）	● 劣势机会策略（WO）
1. 天同口碑佳、名声大、培养环境好，认识优秀大佬、学习前沿知识的机会多； 2. 团队接手要案多，电子证据实验室潜力大，合伙人为各领域领军人物，带教律师优秀负责； 3. 本硕校友圈资源广泛，导师与同门在学术圈有影响力。	1. 在天同、团队、校友圈中多观察记录，打开视野，并定期进行经验总结与输出； 2. 培养健康的体魄，保持作业素质，规律地在天同、团队、校友图中积累工作社交经验； 3. 保持乐观的态度，在天同、团队、校友圈中积极交流、拓展人脉。	1. 多接触天同、团队、校友圈中发言活跃、想法创新的榜样，培养开放的心态； 2. 多参与天同、团队、校友圈的交际，勇敢一些，心大一点，区分事与人，倒逼自己快速行动、积极发言； 3. 多把握天同、团队、校友圈当众表达的机会，刻意训练，保证及时复盘。

（续表）

● 威胁 Threats	● 优势威胁策略（ST）	● 劣势威胁策略（WT）
1. 外地工作，离本硕学校与父母亲人远，再加上疫情阻隔，相关支持少； 2. 团队新加入律所，业绩压力大、作业标准高、自由度受到限制； 3. 上海竞争激烈，法学专业优秀人才多，可替代性高。	1. 多记录总结与校友、亲人的共鸣点，坚持与相关人士规律地交流； 2. 多请教与勤领悟榜样在困难与压力下的应对技巧，并尽力为相关人排忧解难； 3. 知信行习，保持信念，努力成为一个不断更新与不可替代的主体。	1. 大方地通过电话、网络、快递与校友、亲人多表达分享交流，努力获取支持； 2. 不装不藏，主动承担高标准作业与商业绩效压力，勇于尝试； 3. 能说就说，提高行事效率，使自己的表达可以成为竞争优势。

　　律师的职业规划看似很简单，从实习律师到执业律师，从非合伙人到合伙人，但随着精细化分工和公司制律所、一体化团队的强势出现，青年律师的职业发展轨迹已然出现更多的选择，如何提升自己在变革时代的核心竞争力，开始成为青年律师不得不去考虑的因素，因此合伙人如果能将"SWOT"模型配上"五我"模型的提问方式对其进行综合辅导，将会有利于青年律师的快速成长：

➤ 我是谁？（可配合"S"与"W"作深入挖掘）

➤ 我想干什么？（区分"兴趣"与"目标"）

➤ 我能干什么？（进行能力现状的分析）

➤ 环境能支持或允许我干什么？（剖析客观方面与人为主观方面的因素影响）

➤ 我最终的执业目标是什么？（遥望那个十年后的你站在对面，去对话）

杜邦公司前董事长兼首席执行官贺利得（Charles O. Holliday）曾说："我发现，当别人向我提问时，我都会精神振奋。我好像进入了一个不同的情境里，我一整天都在努力做同样的事情。我总是在提问，很少下结论，除非了解对方的能力、关注点以及是否具备开放的心态等，直到那时，我才会进行下一步。如果不提问，我可能就会低估相应的情境和难题，漏掉一些关键事项。"在与团队成员进行发展面谈或者其他沟通时，优秀的合伙人应该要学会有效的提问方法，激发团队成员在沟通过程中积极思考探索并勇于表达，"五我"模型就是一个合伙人进行"如何问"的很好的工具。

"想要"和"一定要"是两件事。"想要"的事很有可能就是个梦想，但"一定要"的事往往会实现。发展面谈是我在律师团队管理中运用最好的一个工具，希望能为各位律所主任及合伙人提供帮助。

做好低绩效人员
的离职管理

"最近我助理状态不对，做什么都出错，连律师费都能少写个零。"

"天哪，这家伙刚才竟然把当事人的证据原件放进了碎纸机！而且是第二次了！"

"这孩子最近不知道怎么了，情绪特别低落，总是哭丧着脸，我问她是否发生了什么事，她说并没有发生什么事，就是情绪不好。"

"竟然在我客户面前抢功，我是老板还是她是老板！"

"给我整理一个相关法条汇总，一张表就几十行字，整了一天！我不能理解这种效率。"

文书写作能力低下、语言表达能力欠佳、客户接待不知分寸、工作毛躁、情绪不稳定……低绩效助理指工作持续缺乏热情及敬业精神、无责任感、工作能力低下、频繁出错、缺乏竞争意识，缺乏危机感的成员，无法满足岗位需要、跟不上团队的发展，应被视为团队的利润消耗者。如果这类成员经过一定的容错和改进时间仍不见提升的可能，合伙人要及时止损，有勇气作出快速淘汰的决定。

在打造高绩效、高产出的具有凝聚力的律师团队过程中，"解雇"是必须要面对的话题。

说出再见不容易

早年有差不多一半以上跟我探讨人力资源管理的律所主任或合伙

人，把问题聚焦到"如何开掉一个人"上，似乎"开人"是"大佬们"最难以启齿和触碰的"禁地"。有一个有趣的现象，越是大咖位的合伙人越难面对"开人"。曾经有一位两次获得 ALB 全球 15 强诉讼律师的某头部律所主任，特地就"开人"话术请我吃了一顿惠林顿牛排。不难发现，不愿意"开人"的老大们，都是"善良"的。日常工作中，他们不仅乐于与团队成员分享经验，手把手教授助理，一路陪伴他们从应届生到独立律师，哪怕疫情肆虐或在团队或律所案源或创收出现困难的时候，也不愿意主动放弃任何一名成员。经常会有主任会跟我"炫耀"说"我从来没有开过人！"如果关系比较好，我会回怼"都是别人开你咯！"律所主任恐惧"开人"的原因，可能有以下几种：

1. "这是我亲自招聘的，培养了好多年了，花了好多心力。"

"师带徒"模式长久以来一直是律师的主要成长模式，"一日为师终身为父"，人身绑定性很强。师父们本身也不像职业经理人一样受过职业化训练，在团队中会自发地"母爱泛滥"，从情感层面，不会随意抛弃自己付出心血一路带起来的徒弟。但经济学上有一种成本被称为"沉没成本"，特指既往已经付出且不可追回，但与当前决策无关的成本，例如时间、金钱、精力等。合伙人有时候不愿意放弃自己亲手带起来的徒弟，宁可长期忍受徒弟低绩效行为的原因，其实是过于关注沉没成本，这是合伙人在淘汰绩差人员时常犯的管理学错误。优秀的团队领导者，应当考量未来需要付出的成本及带来的收益，而不应过多考虑既往已经发生的费用。及时淘汰绩差人员是适时止损的表现。当然，我们不能否认情感因素的影响，但无论是律所还是律师团队，都是商业组织而非福利性单位，长期保留绩差团队成员会影响组织效率，增加组织成本。

2. "这人以前是我朋友，这要辞退了，以后朋友都没法做了。"

在工作层面，我们可以把雇佣关系解读为"生意"。助理受雇于合伙人，学知识、学技能、做财富积累；合伙人购买助理的时间、专注度、专业能力，无论我们用什么词语美化，本质上这就是一场交易。有一部分合伙人在开人时还会考量雇主品牌形象，认为律师圈子不大，辞退一名成员很容易给自己团队或者律所造成冲击，有时也会抱着"多一事不如少一事"的态度不愿主动淘汰人。这两种心态真实地反映出律师行业的职业化水平还需要提升。首先，情感链接与雇佣关系无关，在职场中合伙人强调公私有别才是职业化的表现，如果雇佣关系的终止直接造成了情感链接的中断，那只能说明这份情感本身就是一场交易。其次，雇主品牌形象的树立与专业度和业绩有关，虽然这并不意味着"人"的因素就不重要或者不在精神和情感方面占据重要的地位，但合伙人必须意识到，尽管获得团队成员的喜爱是人的天性，但在管理中这种天性是一个弱点。任何人在通往成功的道路上都会受到质疑，不可能获得所有人的认可。那些最终获得认可的大律师们并不会被阶段性的挫折打败或因此分心，毕竟取得高业绩及创收才是最终目的。

3. "人家还年轻，要不再给机会看看。"

青年律师在职业初期因缺少自有案源，经济压力较大，师父们不忍心让徒弟流离失所，总是认为徒弟如果离开了自己的团队，可能就会影响正常生活。低绩效是一个相对持续的状态，如果合伙人已经在考虑"辞退"这个操作了，那我相信之前一定已经给过这位成员很多机会。合伙人们要意识到：第一，"不给机会"也是给予机会的一种表现，也许他不是不好，只是不适合你的团队，或许在别的团队能真正发挥他的作用；第二，团队成员犯错误时要立刻、直接地指出，要将"离职警告"伴随着"机会"一起给到对方，且不可每次都给团队成员可以"下次改正"的错觉。给予离职警告很重要，不仅是对该团队成员的行为予以警示，也是为了未来真的出现解雇行为时能"有法可依"；第三，青年人的再造性很强，任何"杞人忧天"都是合伙人自己感动自己，地球离开谁都会转，不要认为大家只有跟着你才能生存。杰克·韦尔奇在《赢》一书中说道："表现最差的团队成员必须走人，这样你造就一支全明星团队的可能性会大大提高。这就是如何建立一个伟大组织的全部秘密。"

4. "如果把他开掉了，我担心会影响其他团队成员的职业安全感。"

我的分管主任曾向我提出过这样的疑问。当时我正在对天同互联网法律服务团队进行人员调整，前后3个月内有2名主办律师被我淘汰。在审批 E-HR 系统时，主任非常担心高频率的团队成员被动离职会影响其他成员的安全感，从团队稳定的角度希望我能给予管委会合理解释并慎重考虑。我非常理解管委会对此的担心，我的答复是，当合伙人都能识别到绩差成员且不得不进行"开除"时，他在团队中早已被小伙伴们认定为"差等生"了。最好的人才都是相互吸引的，如果绩优人员不得不长期忍受某些成员的平庸表现，离开的人就是他。同级人员之间的绩效感知是最快也是最敏感的，因为他们是真正的竞争者，相互之间的关注度更高。这时，合伙人只要做好两件事就可以妥善解决隐患：一是优化离职管理的流程，让被淘汰的成员和现任人员都能感受到被尊重。在离职管理中，威胁团队成员职业安全感的，是合伙人不由分说地开人或一再原谅、包容低绩效成员。二是全额或超额支付经济补偿金。在管理中，所有能用钱解决的问题都不是问题，真正难的问题都无法用钱解决。

杰克·韦尔奇在《赢》一书中专门提到管理者保护绩差团队成员的恶果。因此，让"不合适的人及时下车"，不仅是为了保护在车上的人，也是为了让下车的人能更快地选择搭乘正确的班车，而不至于耽误了人生这趟重要的旅程。

当团队出现绩差成员而且明显影响团队绩效时，无论是律所主任还是合伙人，都不能回避"开人"这个话题。电影《杜拉拉升职记》里有一句非常经典的台词：没"炒过人"的 HR 不是真正的 HR。同理，没有"开过人"的合伙人，不是合格的合伙人。

那如何判断这个人是继续培养还是辞退呢？李祖滨老师曾结合经验总结出人员去留的经典三问，我一直在管理中践行：

问题一：如果再让你做一次选择，你还会聘用他吗？

问题二：如果这个人现在对你说他要辞职，你会挽留他吗？

如果这两个问题回答的都是"是"，则重用他；如果这两个问题回答的都是"否"，则立即下决心放弃他。如果这两个问题的答案一个是"是"，一个是"否"，那就需要再问一个问题：

问题三：我想挽留的是他这个人，还是我在他身上的投入？

以上三个问题，可以在识别绩差团队成员、决定辞退与否时，给合伙人提供很好的帮助。

三种不同原因的辞退，应该如何谈？

主动且及时辞退绩差成员，对律所、团队以及被辞退成员来说，都并非坏事。但辞退方式的合理与否，会影响律所和团队的雇主形象，也会影响所有团队成员的心理状态与情绪。因此，离职管理是人力资源管理学中非常重要的一个环节。在实践中，裁员原因无非三种：

类型一：违背道德、法律或团队价值观和组织制度等情况的辞退

对于这类辞退，合伙人行为的关键词是：决断。

马云曾说："要开除一名团队成员，就直接开除，最怕的就是拉锯战，反复拉锯，伤口只会越来越痛。"这个类型的裁员，请合伙人一定不要浪费时间，也不必辗转反侧几夜失眠——不需要犹豫，做就是了！这不是"离职谈判"，而是"辞退决定"。

　　这一类型的辞退在操作上需要关注的点并不是被辞退者，而是团队其他成员。因为这类成员在离职时可能满怀委屈，甚至愤怒，有时候会口不遮掩，损害团队，这种破坏力和杀伤力无论能量大小都会"误伤"其他团队成员。因此在这一类型的离职管理中，需要做好对其他团队成员的解释说明工作。合伙人要正式找某一特定时间，可以是例会也可以临时开个专题会，时间不用太长，只要让团队其他成员清楚该人离职的原因，无需描述具体细节，只需告知团队这是一次"开除"决定。我的做法是，在与被辞退成员沟通完毕后，及时在工作群内宣布该人事变动信息，做工作交接安排，并在其正式办完离职手续离开后，在周例会上正式宣布。杰克·韦尔奇说："把违反公司政策的人作为典型公布出来，将对组织的长远建设有极大的好处。"处理好这类型的辞退，在团队内部就会是一次很好的惩戒示范、树立规则、厘清团队价值和使命的机会，但内容仅限于团队内部知晓，万不可对离职人员的未来产生伤害。因此，对于这类离职，我不会要求人力部门在《离职证明》上写明辞退事宜及理由。无论被辞退人员在辞退过程中有多么过分的行为，我也不"报仇"。

　　在解雇决定下达后，合伙人要尽快"补位"确保工作的正常运行。但合伙人需要在人员变动之时，快速树立其他成员对组织的信心，调整组织架构，有需要时及时补充人员。

　　类型二：因团队组织变革或创收不佳发生的裁员

　　这一类型的辞退，合伙人行为的关键词是：坦诚。

　　三年疫情，使中国社会笼罩在阴霾之中，律师行业的人事问题暗流涌动。很多律所悄无声息地停滞、挣扎、降薪、裁员。

　　财务或组织变革导致的裁员，往往不是一蹴而就的，律所主任和合伙人应该早就制订出了一套方案。在这一点上，合伙人承担的压力和挑战远大于被裁者所面临的打击。如果是财务原因而不得不缩减人员，合伙人在离职谈判时，要放下骄傲和恐惧，让团队成员知晓团队面临的真实情况。坦诚会带来意想不到的收获，我曾遇到一个真实案例，团队成员感念合伙人的真诚，团队并没有真正解散，成员只是从授薪律师转为提成合作模式，与该合伙人合作，一同渡过难关。因此，这种类型的裁员成功的核心是合伙人的真诚与坦诚。合伙人切不可拿着冠冕堂皇的理由粉饰太平。律师行业是高知、高智人群聚集的行业，不要幻想碾压一群有毅力、有智慧的法律人。每一位离开的成员，都带有他原来团队的印记，江湖何处不相逢，留一个朋友留一条路。合伙人越公开问题，坦诚提出解决方案，就越能从组织内外获得资源和信任。

类型三：由于个人作业能力遭到解雇和劝退

面对这种最复杂和棘手但又是最常见的辞退情形，合伙人行为的关键是：不要让人感到意外，减少羞耻感。

1. 不要让人意外

合伙人要定期进行团队成员的面谈，我在上一篇文章中介绍了发展面谈这一工具。合伙人要利用月度面谈或者其他任何时间，及时在团队成员出现错误行为时给出反馈和可能的离职警告。合伙人不应时常把"开除"挂在嘴边，但需要适时给出"Deadline"的预警。在每次的发展面谈中进行坦诚沟通，除了探讨、复盘周期内的工作及职业发展外，合伙人还要勇于积极表达团队成员可能面临被解雇的风险。如果在谈离职时，被裁者感到惊讶和意外，合伙人就需要反思在日常管理过程中是否对该成员缺少指导与风险预警。如果被裁者没有做好被辞退的准备，那么在离职谈判和交接过程中一定会出现不愉快，这样不仅影响工作交接效率，还会影响团队氛围。

2. 不要给人羞耻感

无论怎么掩饰和准备，被裁者自尊心都会受到重创。因此合伙人不要欲盖弥彰，例如试图提前和团队其他成员透露"开除"该成员的风声或者制造一些刻意事件逼着该成员主动离职。陈少文老师说："在最高处飘摇的原则总有最低处的代价与之对应，就像繁华背后必有苍凉、流量背后必有暗箭。世界是公平的，你不可能只要一个，而拒绝另一个。"合伙人要去承担自己这个岗位应该承受的压力。因此，在"开人"时，不要让被裁者有被群体排斥的感觉，要让他有尊严地离开。这一类型的辞退，在给足经济补偿金之外，如他主动提出，合伙人可以给予未来发展的指导建议、告知其不足和待改进的方面。在实操中，我都会为"被优化掉"的团队成员写一份推荐信协助他未来就业。另外，离职沟通尽量安排在周五，可以让被裁者利用周末时间收拾办公用品，避免尴尬。

"开人"是管理过程中不可回避的话题，合伙人要正视并妥善处理，但其实最难也最重要的是战胜自己的内心。帕特里克·兰西奥尼在《CEO 的五大诱惑：领导者应警惕的人性弱点》一书中指出："一个组织的最高领导者是很孤独的，你们应该努力从下属那儿获取长久的尊敬，而不是感情依附。"合伙人们需要对业务、市场及团队成员等各个方面有准确的判断力，以及发现问题后果断的执行力。离职管理是一门艺术，如果在尽人事后，被裁者还是做出损害律所或团队的事，那只能说明该辞退决定是万分正确的。但同时，合伙人需要深刻反思，冰冻三尺非一日之寒，在日常管理过程中，是否还有很大的调整和提升的空间？

人才盘点对律师管理
工作的重要意义

"我现在没有接班人，年轻的太年轻，稍年长的，又没有斗志。"

"我觉得他都不值我现在给他的钱，但我又没有办法。"

"我知道她不行，但是我现在不能开掉她，不然这活就没人干了。"

"要开分所了，我竟然选不出一名封疆大吏，愿意去的我看不上，我看上的不愿意去，唉。"

四十多年的风雨历程，中国律师行业应该开始进入二代领导人接班阶段了。但事实上，大部分创始合伙人由于长期将注意力聚焦在业务发展、财务数字的增长上，缺乏长远的眼光有意识地培养接班人，导致现在无人可用，也有部分律所的创始合伙人几次试图退居二线但都以失败而告终。现实中，有这样几种情况：

（1）律所和团队还处在发展阶段，人才不够用；

（2）律所或团队转型后，人才不好用；

（3）律所做大了，创始合伙人不能像以前一样掌握所有人的状况，不容易快速识别接班人；

（4）创始团队的合伙人与新生代有代沟，大家看法不一致；

（5）律所没有统一的人才标准，在选、用、育、留各个环节出现偏差；

（6）律所在合并、扩建过程中涌入了不同文化的合伙人，新老派系产生……

2020 年 7 月 16 日我参加了德锐咨询《人才盘点：盘出人效和利润》新书发布会，在发布会上看到了专业人力资源咨询公司在企业中进行人才盘点的管理实践，感慨良多。在会议间隙我和李祖滨老师有这样一段对话：

我：律师行业虽然发展四十多年了，但一直处在创业阶段，前期都在"保命"，管理意识都很欠缺，没有人才盘点的概念，绩效评价也是难点和痛点。现在开始进入交接时间段了，又不容易挑选接班人。"

李祖滨老师：人是律师行业的核心竞争力，这和制造业企业或互联网产品公司还不一样，想要让人才的激励、培养、选择，甚至接班人计划等措施精准到位，就必须明确人员现状与战略要求之间的差距。人才盘点就是帮助组织明确这个差距的测量工具，每个行业都需要，律师行业从现在开始应该加大对人才盘点的重视度。

我沉默良久：加大对人才盘点的重视度么？好像我们连"人才盘点"这个工具的概念都不清楚。

什么是人才盘点？

人才盘点也叫"全面人才评价"，作为人力资源的管理工具，最早是由通用电气公司发明并推广应用。人才盘点是指通过对组织人才数量和质量的盘点，使人与组织相匹配，意在明确组织架构形态、确定团队成员能力水平、挖掘团队成员潜能，进而将合适的人放在合适的岗位上，促进组织拥有足够数量和高质量的人才。

从人才盘点的目的来看，有两种分类：第一类是普适性的人才盘点，盘点的核心目的是发现并解决影响战略目标实现的组织问题和人才瓶颈，通过人才管理和资源配置支撑律所战略目标的达成。我曾全程参与西北某律所的年度人才盘点工作，该律所在采购人力资源制度重塑咨询产品之前完成了人才盘点工作，就是为了将人才盘点的结果有效地运用于后续的薪酬优化、绩效制度改革等项目中。第二类是特殊目的的人才盘点，即基于律所特定需要而开展的人才盘点工作，可能是某个管委会成员或某一个业务板块关键合伙人的离职，需要继任者；可能是为了开设分所或启动新的业务板块而挑选领军者；可能是选拔式的合伙人竞聘选优；也可能是应对突发情况，启动组织变革而调整人才配置。

无论是哪一种人才盘点，都要根据律所运营模式、规模的大小、部门设置的多少、组织架构形式等情况，综合衡量合伙人、律师以及职能人员在每个岗位上的价值定位，发现每个人身上的潜力与特质，从而匹配相应的激励措施或人员优化方案。同时，发现目前人才管理现状与律所人力资源战略规划的差距，为未来 3～5 年的律所发展以及文化传承提供有效的人才供给与阶梯。

律师行业人才盘点"盘"什么？

人才盘点分为数量与质量的盘点。

数量盘点又包括基础分析与人效分析两块。基础分析包括年龄比例、男女比例、实习律师与执业律师比例、律师与非律师比例、执业年限比例等分级以及学历分布、地域分布等的分析；人效分析包括各维度人均成本、各维度人均创收、单位人力成本、某职级律师流失率、合伙人晋升比例等分析。

质量盘点包括业绩（创收）能效盘点、点数含金量盘点、价值观盘点、合伙人领导力及潜力值盘点、岗位匹配度盘点等。质量盘点是人才盘点的重点与难点，需要借助管理工具，例如业绩评价表、360 度评价表、潜力评价表、性格测评、价值观、领导力模型等。

目前比较有代表性的企业人才盘点模型有如下三类：

1. GE 公司

GE 公司从价值观和业绩两个维度进行人才盘点（图 3-2）：

情况一：业绩虽好，但价值观不符合的人，GE 公司的理念是虽然这些人能够在短期内给公司带来效益，但长期是有害的，最终要离开。

情况二：业绩不佳，但是价值观符合的人，GE 公司的理念是：再给一次机会；换个工作；分析是否由一些客观原因造成。

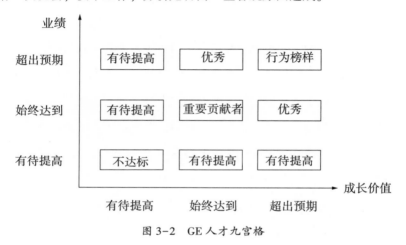

图 3-2　GE 人才九宫格

2. 阿里巴巴

阿里巴巴从价值观和业绩两个维度进行人才盘点（图 3-3），主张消灭"野狗"，清理"老白兔"，这个理念与 GE 公司相似。

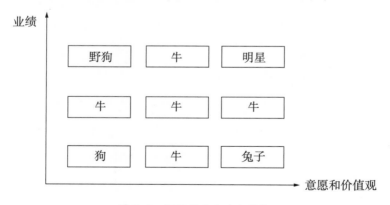

图 3-3　阿里巴巴人才九宫格

3. 德锐咨询

德锐咨询的人才盘点采用素质和业绩两个维度，最终将人才分为六类（图3-4），进而更好地对人才进行分类管理。

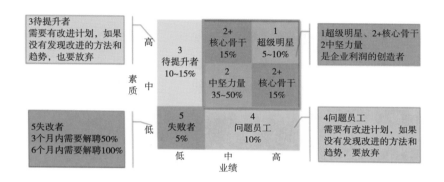

图 3-4 德锐咨询人才管理

"画龙画虎难画骨"，目前行业中只有极个别的公司制律所进行了人才盘点的工作，大多数律所还是首次听说这个工具，并没有真正理解或掌握人才盘点正确的理念、操作方法与科学的实施步骤，如果读者看完本书就开始轰轰烈烈地进行人才盘点工作，人才盘点很有可能变成一场劳民伤财、怨声载道的数字游戏。因此，希望各位主任和合伙人能根据律所发展现状及收入情况进行综合衡量，选择适格的咨询公司，进行人才盘点工作。《以奋斗者为本》一书中写道："人才不是组织的核心竞争力，对人才的有效管理才是组织真正的核心竞争力。"人才盘点的目的是帮助律所所在战略目标实现的同时提升创收，为组织创造更多利润。如果律所正面临接班人计划或组织变革阶段，及时进行人才盘点工作，势在必行。人才盘点可以为律所带来如下利好：

对人才状况达成全面共识，打造公平的用人机制与文化

人才盘点是对组织内人才的一次性全方位扫描，可以帮助管委会、合伙人、团队长们更加全面、系统地认识内部人才数量和质量的分布。律师们经常会将关注点聚焦在"事"而非"人"上，这个现象造成的管理冲突在提成制律所并不明显，但在公司制律所或一体化团队内，如果合伙人长期不关注"人"而只关注业务和创收，或者不愿意学习管理知识，不去发掘团队成员的潜能，不去激发团队成员的创造力，不为团队成员创造良好的培训、激励机制，那么团队就无发展可言。

　　人才盘点以其科学、严谨的操作流程，帮助律所建立公平的人才评价机制。人才盘点的标准需要全体合伙人共同构建。使用"素质能力"和"业绩"双维度进行评价，结果会更为客观和全面，这样不仅可以保证评价主体的公平性，也可以保证评价结果的公平性。如果律所能设立定期进行人才盘点的规则，就会慢慢形成公平公正的评价认知和体系，从价值观、制度规范及行为模式上形成统一而良性的竞争态势。

发现潜在的优秀人才，让人才驱动业务

　　初创的律师团队或者微小型律所，由于人员数量较少，合伙人可以靠自己的主观判断很快识别评价人才，并识别每个人身上的优、劣势。但当律所超过 20 人以后，管理强度增加，如果仅凭合伙人主观识别，就会显得心有余而力不足，往往会埋没很多"黑马"。人才盘点这一利器，可以从整个组织层面系统、全面地呈现人才状况。全方位地收集被盘点人的上级、同级、下级和本人的意见，不仅能帮助合伙人了解分管下属人员的优劣势，发现可能被遗忘的人才，同时还能在实习律师或职能团队中发现优秀人才，识别出更多的明星成员，继而对这些人加大培养力度。我在参与上述某律所人才盘点工作的过程中，就经历了律所主任惊奇发现"好苗子"而惊喜不已的情况。

精准淘汰有据可循，精准激励有标准

　　不合适的人是组织利润的消耗者，"请不合适的人下车"应成为整

个律所或团队的共识。但由于绩效评价在律师行业是难点，律所又普遍缺乏对人才评价的客观标准，因此总会出现不清楚"到底是谁不合适""到底哪里不合适"的情况。人才盘点工具从"素质能力"和"业绩标准"双维度评价得出结论，将团队成员分布在不同的维度上。这时候业务不胜任的人员、掌握律所机密但价值观不符的敏感人员、因战略调整或律所发展而沉淀的冗余人员等将无处遁形，这可以使淘汰有据可依，确保留下的都是精英。

基于以上识别，人才盘点还可以为律所主任及合伙人提供对明星成员、高潜力人员激励的依据。在综合考虑过去的贡献和未来的价值创造后，将人才盘点结果应用于定薪、调薪、年终奖分配以及评优、晋升等方面，让激励资源向价值创造者倾斜，保障激励的公平。

提高团队人效

近几年"人效"概念在律师行业被慢慢接受，丰富了除"平均创收"以外的又一个衡量团队优秀与否的指标。人才盘点就是为了找到优秀的人才，留住想要留住的人，让不合适的人离开，确保留在团队的都是"精兵强将"，以最少的人创造出最大的价值，确保人才对业务的驱动，即人效最优化。人效数据会受到个体因素（性别、年龄、学历等）、组织因素（人岗匹配）、环境因素（业务形态、客户行业趋势）等的影响，特别用于衡量公司制律所或一体化律师团队的组织效能。在增加律师人均创收的前提下，关注人力资源的投入产出比才能可持续发展，人才盘点的终极价值是促使人效趋于最优，这也是检验人才盘点工作最核心的标准。

用『人才盘点模型』
实施人才盘点

目前仅有少数律所在德锐咨询公司的协助下完成过系统的人才盘点工作（图 3-5），很有幸我观摩并参与了属于律师行业首次正式的人才盘点工作。

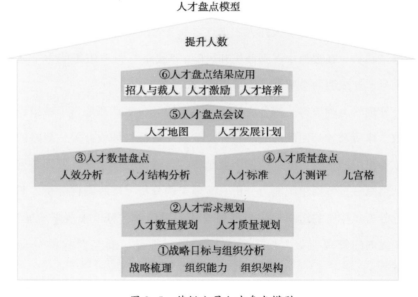

图 3-5　德锐公司人才盘点模型

"人才盘点"是一个科学的人力资源管理工具，是一门管理科学，本书简述其结构与方法如下，供各位律师同仁参考。

第一步：确立战略目标与进行组织分析

战略就像组织运行的锚，引领着内部的管理动作，律所应有清晰的战略方向，才能确保采取的管理动作是有价值的。团队作人才盘点的目的是实现团队的战略目标，如果律所、团队缺乏战略目标，或目标不清晰，又或合伙人不能就该目标达成一致，那么人才盘点后续的动作很有可能偏离预期。因此，确立律所或团队的战略目标是人才盘点的第一步。

中欧国际工商学院飞利浦人力资源管理教席教授杨国安在《组织能力的杨三角：企业持续成功的秘诀》一书中给出一个公式：成功＝战略×组织能力。战略的核心是什么？哈佛战略大师迈克尔·波特（Michael E. Porter）认为，战略的核心是三个关键词：定位、取舍、匹配。这就要求律所主任和合伙人们预见机会和挑战，作出事关长远和全局的正确判断与决策。合伙人在人才盘点之前要对战略作前瞻性决策，即洞悉未来趋势、在混沌中看到商机和风险。"战略"与"组织能力"之间是乘号，这表明两个要素都不可以为"0"。

管理学大师彼得·德鲁克认为，组织的一切活动都是为了该组织的绩效，律所及律师团队的战略目标及绩效一般都与创收有关。战略的实现依赖组织的支撑，组织的作用就是将各类资源联结起来，发挥最大功效。组织分析包括组织能力分析、治理架构分析、层级结构分析、职能设置分析。律所的组织架构与治理模式相对简单，可以很清晰地厘清。例如纵向的管理层级、横向的部门设置、所有权及经营权的分配情况等。

第二步：人才需求规划

这一步涉及两个层面的需求规划——"人才数量"和"人才质量"。人才数量是指匹配战略"需要的人数以及岗位结构"；人才质量是指匹配战略"要拥有什么能力的人"。不同发展阶段，律所战略和组织发展需求不同，所以这两个指标也需要作动态调整。人才需求规划确定的过程中，重点要关注关键岗位，例如管委会成员、业务板块负责人、某分所或办公室主任、某职能部门负责人等，对关键岗位人才的规划是实现律所战略目标所需的关键能力。这些岗位的人才数量、人才质量的需求能否得到满足，会直接影响战略目标的实现。

示例如下：

（1）战略：本财年创收目标 1 亿元。各板块创收业绩分别为：ABC-DE……

（2）人才数量及结构：5 个业务板块加 1 个中后台，每个业务板块搭配 2 位合伙人，其中 A 作为核心板块，设置权益合伙人 1 人，授薪合伙人 2 位，律师 4 位，团队秘书 1 位，汇报层级 2 级。中后台设置岗位 4 人，分别为市场、行政、人力和财务……

（3）人才质量：基于岗位设置所需要的能力标准与描述。

第三步：人才数量盘点

只有将现有人才和战略目标需要的人才数量进行对比，找出差距，才能更好地匹配业务与组织发展的需要。关于匹配多少人才符合战略规划，我一直使用"人效"指标作为衡量标准。天同互联网法律服务团队人效数据常年稳定在 4，我们可以简易地理解为：为一位团队成员支付 1 块钱人民币的成本，他的回报率是 4 块钱。华为前干部培训中心总裁胡赛雄老师提出了投入产出比较理想的状态是 1∶7，可以借鉴。关于人才数量，要计算两个层面的内容：

（1）人效分析：人均创收、人均成本、单位人工效率、合伙人晋升比例、主办律师离职率等。

（2）基础分析：部门人数、人员性别比例、年龄分布、司龄分布、学历分布、执业年限分布、岗位分布、集团所的地域分布、管理幅度统计等。

基础分析侧重于自然人口特征，人效分析则要从岗位及人才价值维度进行分析。

第四步：人才质量盘点

人才质量盘点是最难的一步，是指对照律所或团队各层级、各类别人员需要具备的业绩和素质标准，对现有人员的素质能力、业绩乃至潜力状况进行评价，通过统计和分析，对照人才质量规划找出差距，以此判断能否支撑和适应律所或团队未来发展的需要。天同互联网法律服务团队在量化指标层面使用的是 360 度考核评价工具，由被考核人的上级、下级、平级以及自己，从"业绩"和"价值观"两个维度进行打分。敏捷型组织很适合使用 360 度考核评价工具。大型企业运用 360 度考核较难落地的原因是人员众多且不好操作，导致样本量偏差。但在人数较少的小团队或小组织中，可以保证问卷回收率，而且即便是非常细微的分差也容易识别并排序。如果组织非常健康，成员之间可以敞开心扉、示人以真、相互担责，360 度考核就更能显示其价值与意义。

业绩维度：律师们的业务评价可以以"年度"为单位，使用 OKR 工具就可以进行，人才盘点不是绩效考核，不需要精准量化的指标数据，最终是按照排序来呈现结果的。如果用 OKR 对齐团队目标进行月度分解，年底汇总，绩效达成情况就显而易见，例如在一个年度内完成了几个 O（目标：Objective），未达成几个 O。

价值观维度：团队成员是否敬业、是否认同律所或团队价值观、是否能以团队为荣，是否做到了先公后私。

第五步：人才盘点会议

人才盘点会议是对周期内人才盘点工作的汇总和分析。我参与过的两家律所的人才盘点会议，均由律所主任、管委会成员、人力资源负责人、被盘点对象的上级参加；在天同互联网法律服务团队，每年年底我都会和邹晓晨律师安排时间召开微型人才盘点会议。该会议就前期梳理和盘点的各方面材料及数据展开讨论，包括战略、组织结构、人才基本信息、人才数量和结构信息、人才测评信息、九宫格数据等内容。在论证这些信息准确可靠的前提下，从被评价者个体和律所或团队层面整体考量人才需求规划和人才现状之间的匹配度，识别中间差距，提出系统的改善措施，并据此制订出详细的改进实施计划。

盘点会议输出的主要内容：

（1）各级评价结果，确立明星人员、高质量人员、待改进人员、应淘汰人员；

（2）分析人效数据、人才数量及结构数据；

（3）基于以上盘点汇总，制定人才管理计划，包括晋升、培训、定薪以及淘汰计划。

第六步：人才盘点的结果应用

团队所有的管理动作都是为了实现组织目标，人才盘点也一样。盘点会议之后的结果应用能让人才盘点工作真正落地。这不仅让团队成员充分感受到人才盘点的价值和人力资源工作的针对性，有力维护人才盘点的公信力，避免日后的盘点工作流于形式；更重要的是，人才盘点结果的应用使整个人才盘点工作形成闭环，真正对组织发展和战略目标的实现起到推动作用。

人才盘点结果将用于人员的淘汰、选拔、激励、培养、任用和晋升调整；同时，支持来年的招聘计划、薪酬优化方案。

OKR在律师团队中
使用的七大实践经验

2022 年 4 月初，有网友在社交平台上爆料称，理想汽车的裁员计划已经写入理想汽车 CEO 李想 Q2 季度的 OKR 之中，涉及产品和企业系统等部门，预计将裁撤 15% 左右的团队成员。对此，理想汽车相关负责人回应称"没有此事，（裁员）为不实消息"。理想汽车最近很火，作为国内新能源汽车中的 TOP，连续占据"中大型 SUV"销量第一。而理想汽车 CEO 李想在微博中总结："如果没有这么深入地运营 OKR 系统，真不知道今天理想汽车是否还在。"这一组织创新成功经验的分享，在 OKR 领域与国内汽车行业中引起了广泛关注。

律师行业在 2018 年引进了 OKR，通过多家法律培训机构推广并付诸实践。

何为 OKR？轻松认识它

O 是 Objectives（目标）、KR 是 Key Results（关键结果）。

目标＝O（想要什么？）+KRs（如何实现？如何衡量是否完成？）

OKR 就是目标与关键结果法，是一种战略目标任务体系，是一套明确目标并跟踪其完成情况的管理工具。一个组织在选择用 OKR 之前都需要找到组织的使命或愿景，因为只有找到"使命"才能进行驱动，OKR 是战略目标工具，可以引领律师团队进行年度战略思考，提升团队协作，但它不是考核工具，OKR 与考核的关联，是一种松散的耦合、一种非线性的关联（图 3-6）。因此，律师团队不能期待 OKR 与团队成员的工资、奖金、评级以及合伙人的分红、晋升直接挂钩。

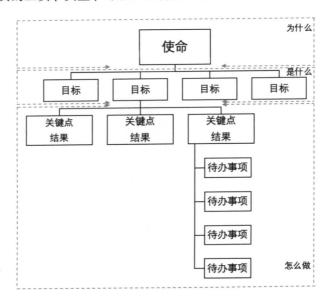

图 3-6　OKR

用互联网法律服务团队某一年的 OKR 举例（表 3-2）：

表 3-2　互联网法律服务团队 OKR

O	让互联网法律领域更加安全和纯净
KR1	第四季度的第一个月完成年创收 2000 万元人民币
KR2	电子证据实验室小程序上线
KR3	与某两个头部互联网公司链接，取得 90% 案件的代理权
KR4	年度内完成三次"克服团队协作的五种障碍工作坊"

OKR 是如何从外国企业传播到中国律师界的？

OKR 理论源自 1954 年彼得·德鲁克《管理的实践》中提出的"目标管理和自我控制"。作为彼得·德鲁克的信徒，1976 年英特尔公司的 CEO 安迪·格鲁夫（Andy Grove）在帮助英特尔公司从储存器到处理器的研发过程当中，尝试应用了这个"目标管理"工具，当时并不叫OKR，叫 IMBO。1999 年谷歌的一位董事是前英特尔的职业经理人，他把 IMBO 方法介绍给了拉里·佩奇和谢尔盖·布林（Sergey Brin），在谷歌几个月的尝试推进，效果惊人。于是硅谷很多旗下公司，例如亚马逊，Make In 等开始推广使用，统一名称叫作"OKR"。2013 年 OKR 传入中国，华为、谷歌中国、百度、阿里、知乎都在尝试应用。2019 年，OKR 正式在中国律师界大力推广。

从以上时间轴可以看出，OKR 正式传入中国的时间比西方国家晚了将近 5 年，而律师行业引进该工具，又比中国企业晚了 6 年，这中间 10 年的"代差"是不可逆的。因此，中国律所或律师团队在使用 OKR 工具时，还需要匹配自身的管理现状和发展阶段，不能照搬照抄西方或是中国企业关于 OKR 的设定。只有深刻理解目标管理工具的底层逻辑和适用条件，才能用好该工具。

实施 OKR，需要律所或律师团队具备以下条件：

（1）愿景条件：因愿景和使命的引领，有挑战自我的心态；

（2）人员条件：自我驱动的"成年人"（而非"巨婴"），有自我意识和追求的人；

（3）信息条件：透明化的信息工具，OKR 强调"确定—发布—跟进—总结—复盘"全过程的透明化，需要信息系统的支撑。这一点在律师行业先天缺乏，大多数律所或律师团队还是使用朴素的组织管理方式，日常协同工具简陋，很少建立信息化系统；

（4）管理条件：需要律所主任或合伙人有意识、有技能、有方法地对过程进行跟踪和及时反馈，能够快速总结，帮助团队成员在下一阶段更好地达成目标，这可能是律师行业用好 OKR 的核心。

只有具备以上四个条件的律所或律师团队才能用好 OKR，或者说

OKR 这个工具能显示出的管理成效的大小，取决于律所或律师团队是否能符合以上四个标准。

OKR 的特质

（1）OKR 不是日常工作的反映，它是需要成员投入更多精力的事项。

（2）OKR 不是待办事项清单，它是基于目标严谨思考的选择，需要与团队周期内的目标达成一致。

（3）OKR 不是一成不变的，需要不断迭代，合伙人应该与团队成员不断沟通，按周期调整。

（4）OKR 的信息是需要公开的，除涉及人事变动、薪资结构等不应公开的敏感信息外，其他信息需要全员共享。

（5）OKR 的完成度几乎不能达到100%，如果所设目标都能100%完成，那说明 O 的设置不具有挑战性。让人有"不舒服的兴奋感"才是好的 OKR 指标，拉里·佩奇常说："如果你设定了一个疯狂的、有野心的目标，即便最后没能完成，你至少也能够实现一些了不起的成就。"

OKR 工具是战略规划之下的行为分解工具，旨在对齐战略目标，其可以给出一个结构化的思考框架，将想法、创意与判断归集到目标和关键结果中，但绝对不能替代正确的战略判断。在使用 OKR 工具时，切不可本末倒置。

OKR 使用的六大实践经验

（1）推荐律师团队以季度作为一个目标管理的合理周期，设定季度 OKR。富有挑战的 OKR 需要花费很多精力，如果时间太短，不具有挑战性。如果时间太长，指标可能无法适应变化的环境和团队实际。

（2）要聚焦。将目标和关键结果控制在 4 个以内，每个 O 对应 2～4 个 KR。根据二八原则，抓住关键的 20%；OKR 不是非要设定权重，可以按照先后顺序排序，也可以对优先级进行标注。

（3）OKR 的目标强调驱动力，要富有挑战、富有野心且足够鼓舞人心，谷歌公司在实践中指出，70% 的信心能完成的目标对责任人是有挑战的。同时要让每一位团队成员觉得自己很重要，合伙人要在设定 OKR 的时候让团队成员展示自己为实现团队目标的特有价值，确保他们能用自己的实际行动来支持，让每个人都有参与感。

（4）至少每周进行一次进度更新；保持静态目标的透明和过程跟进中的动态透明。任何人和组织都不可能第一次尝试 OKR 就取得成功，通常都有一个犯错纠偏的过程。所以，如果需要几个季度才能把 OKR 真正落实到位，一定不要感到惊讶和气馁。

（5）评分规则和流程要简单。标准是团队成员可以通过 10 以内求和或算数平均数计算得出结果，不做函数或滚动计算，目前有非常多的软件可以支持 OKR 的设定，飞书、Teambitiom、天工系统等，或者就使用 Excel 表格、公共文件夹或 360 云盘公布 OKR。

（6）OKR 指标的设定需要上下对齐。不仅每个团队成员都应该把个人目标和团队目标联系起来，而且团队目标也应该包括个人的创新思想，只有这样，才能赋予团队所有成员主人公意识。合伙人的 O 可以有三类：例如个人发展类的 O，作为承诺性 O，确保可以超出 70% 完成，这样就可以优先保证资源投入，例如案件达成、基本创收、客户维护等；第二类为工作成果类的 O，作为挑战性 O，可以涉及胜诉率、客户拓展、业务技能提升等；第三类为涉及团队管理的 O 或与律所品牌相关联的 O，可以包括个人领导力提升、团队人力管理提升、个人品牌提升、知识分享等。这样设置的合伙人指标可以充分分解给团队成员，团队成员在设置自己的指标时也可以与合伙人指标对齐，这样才能达到利出一孔。

如何定位 OKR 在律师团队管理中的作用？

OKR 作为目标管理的工具，能带来巨大的利益，是团队进行绩效管理的表现之一，也会助力律师团队重构绩效概念，实现团队绩效管理。制定 OKR 需要以团队使命与愿景为基础：设定团队年度战略目标——设定团队季度 OKR——设定合伙人季度 OKR——设定团队成员 OKR。OKR 在律师行业的主要管理优势有：

（1）抓住团队主要矛盾，找出对律师团队或律所发展真正重要的事；

（2）让团队成员成长的迭代周期更短；

（3）让团队每位成员都有清晰的目标和任务；

（4）让团队每一位成员对目标的理解都是一致的，同心协力；

（5）让团队变得更加主动，是建立一体化律所或专业化律师团队的重要工具。

OKR 其实代表着一种简单到令人发指的"沟通工具"，即便每个人只看看不说话，也可以知道前进的方向在哪里。如果我们在使用 OKR 的过程中发现它又深奥难懂又不能落地，那一定是在哪个环节弄错了。

律师团队培养的三大误区和应对策略

中国律师制度恢复四十余年，虽栉风沐雨、蓬勃发展，但还是没能跟上中国经济社会的发展步伐。在"一切以经济建设为中心"的时代背景下，律师行业的经济地位并不高。如果把律师定位为国家司法体系的组成部分，公检法靠国家供给，律师靠委托人付费，公权力绝对处于强势地位，律师的江湖地位很低。经济贡献不大，江湖地位不高，就不可能居庙堂之上，也就很难被纳入产业政策体系。因此，律师行业直至今日都没有完善的职业培训体系。大部分律所因为主客观原因也没有意识或能力为青年律师提供培训平台，大多数律所及律师都靠自己野蛮生长，八仙过海，各显神通。

从领先人力资源管理角度看律所培训

培训与开发，是与人力资源战略、招聘与配置、绩效管理、薪酬福利、劳动关系并列的人力资源管理六大模块之一，同其他五大模块一样，是人力资源管理整体框架下不可分割的一部分。培训与开发，是指在组织内部建立的一个与组织发展以及人力资源管理配套的管理体系、课程体系以及实施体系。优秀的企业基本都会选择通过自办的企业大学传授定制的课程，进行定向培养，例如德勤、安永、翰威特、奥美、阿里、携程、滴滴等；在普通企业中，人力资源管理部门下设的培训部人员也是人力资源部门各版块里最多的。美国瑞生律师事务所作为全球最早的律师事务所之一，就非常重视合伙人和律师的培训工作，其在1988年就由创始合伙人鲍勃·戴尔（Bob Dell）作出战略决定——除了要在工作中对团队成员进行培训以外，还要加大投资力度发展正式的培训项目。律所专门成立了培训与职业发展委员会，如今该委员会为律师提供全面的职业发展培训，包括针对职业生涯不同阶段的课程、每月例行的现场培训或视频培训、每年一次的手把手学习工作坊，以及全律所范围内的导师指导。但是，这样的情景在中国律师行业相当罕见。

中国律师行业的专业类培训不足、对通用类培训缺乏认知，导致青年律师的综合能力整体不如国外律所和企业初任经理人，有历史的客观原因。一方面，目前中国法学教育人才和法律实务人才之间流通非常不畅，法学教育过于学术，法科生的"职业思维"几乎空白，学校的法学老师也缺乏法律实践，案例式教学能力不足。由于市场竞争和业务发展阶段的限制，鲜有成功的律师从事法学教育。近几年，各大法学院也确实注意到了法律人才输送单一的问题，纷纷开设以法律实践为主的实验班，但目前时间尚短，还没有明显的成效。另一方面，法学院毕业后选择律师职业的青年人，基本都有一定的经济压力，所以普遍缺乏长期主义的精神，急功近利的心态泛滥。青年人在进入律师行业时，对自己的素质培养主要集中在法律业务层面，导致律师相对其他职业，在情商及管理能力上有明显的短板。

除了青年律师缺乏系统培训外，律师行业整体的培训意识和理念相较于企业明显落后，目前律师行业对人才培训观有如下三种典型误区：

误区一：培训内容完全向专业倾斜，培训模块单一

近几年法律、司法解释更新速度奇快，学法律的人调侃自己"专业选得好，年年赛高考"。从执业要求来看，律师们需要不断更新自己的法律专业知识才能跟上时代发展的步伐，才能为客户提供优质的服务。

因此无论是律所还是团队，都会将有限的业余时间拿出来作专业培训。我曾试图在律师行业引进人力资源管理的培训经理岗位，期待能够丰富律师们的培训体系。除了专业类培训以外，增加通用类培训内容为合伙人及青年律师赋能，但最终失败了。律师对通用类培训的漠视和律师不擅长管理、不接受职业经理人等思维一脉相承，都和中国律师的发展阶段相关。不论是律师自己接受培训还是给客户培训，培训内容均与"业务"有关。因为他们认为培训的目的是获客、展业、签单，因此培训只能是专业类培训，通过培训进行快速的价值转换才是王道。虽然大家也慢慢意识到，通用类培训日趋重要，但这毕竟是对软性实力的培养，不可能提高创收的直接转换率。存在即是合理的，因此我在实践中，并没有强求。

完整的培训课程体系应该包括：组织文化培训（愿景、使命、价值观等）；入职培训（我为什么来，我要做什么，我能到哪里）；岗位培训（岗位价值、岗位使命、汇报对象、未来发展等）；营销培训（谈判、获客、签单、经济引擎、驱动力等）；管理培训（领导力培训、团队协作、自我认知等）；财务培训（财务基础知识、财务分配、财务安全要求等）；技术培训（本岗位所需要的实操技能等）；知识培训（本岗位所需知识的学习）。以此对照现实，中国律师们在个体成长的培训方面是严重缺失和偏科的，也正因为这样的缺失，导致个体无法为律所或团队的组织进步赋能。大卫·梅斯特在《专业服务公司的管理》一书中提到，"欧美国家的一体化公司在对全员培训上的投入非常出名，这种做法一举两得，既是初级团队成员掌握和提升技能的有效途径，又能使团队成员增进工作友谊获得综合能力的培养"。但这一点在中国律师行业严重缺乏。

培训的目的是满足律所或律师团队现在及将来的发展过程中对团队成员的要求。因此，只有认清内外部的环境变化，才有可能解决面临的问题。法律行业中的培训不能只集中在专业领域，还需要增强团队成员其他领域的培养与发展，塑造完整的职业发展前景。

误区二：会议与培训功能的混淆

我曾列席、旁听并参与律所及律师团队的会议，发现普遍有"开大会"的现象，不仅列席与旁听的人员比实际发言人员多出一半，会议还将行政问题、市场规划、案件分析、人事讨论都放到一起"乱炖"。当我询问会议组织人为什么要如此开会时，有这样几种回答——"我们希望低年级律师和低层级人员能旁听我们的决策会议，也让他们听听我们高层为什么要这么决策，就当培训了！""有些案例很有学习价值，我们在讨论的过程中让低年级律师也听听，就当培训了！"

"就当培训了"是我听过最多的一句话，这是"会议乱炖"的典型表现形式，也是混淆会议功能与培训功能的典型错误行为。帕特里克·兰西奥尼在《优势：组织健康胜于一切》中写道："理解会议乱炖的一种很好的方式，就是想象一个愚蠢的厨师把所有的食材从厨房和冰箱拿出来，把它们一股脑地扔进一个大锅里，然后很奇怪为什么他炖的东西不好吃。"人脑并不能一下子处理过多的话题，所以会议的功能只能是团队决策。会议要有明确性和针对性，健康组织的领导者不能试图通过整合会议或缩短会议来减少或消除花在会议上的时间，更不能混淆会议与培训的功能。凡不能在会议上作决策或发言的人员，就不应该列席或旁听该会议。如果需要传达会议决策，可以用层级传达的方式精准告知团队成员；如果需要对团队成员进行技能和意识上的培训，就应该增加相应的专场培训时间与投入。

从人性的角度讲，没有人愿意在会议上被边缘化，一位合格律师的工作时间必然是饱和的，有分析不完的案件、有检索不完的材料，如果让律师旁听一个他根本没有发言权、决策权的会议，不仅会打扰团队成员自主的工作时间，频次多了还会直接影响工作情绪，导致团队士气低落。

误区三：非以学员为中心，强迫培训

2014年，我在认证国际绩效改进咨询师时，我的导师——国际绩效改进协会（ISPI）前任主席哈罗德·斯托洛维奇先生（Harold D. Stolovitch）的一句话直接影响了后来我作为培训师在课堂上的身份和状态，他说："在培训管理或培训过程中，都应该始终坚持以学员为中心。"这一点很重要，成年人的学习并不需要你告诉他什么该学，而是让他真正意识到自己需要学什么，这才是有价值的。因此无论是负责培训的合伙人还是目前市场上的培训机构，都首先应该了解律师真正想学习的内容，再去设计课程，在此基础上构建学习型组织。只有这样才能让律师们自发地主动报名，形成自我学习、自我要求的氛围，而不是占用非工作时间，以考核的形式，强迫团队成员学习他们根本不想学或觉得没有价值、对他们没有帮助的课程。

"好浪费时间啊。"

"还不如将学费折合成现金给我呢。"

"这老师讲得还不如我讲得好呢，就是出来赚钱的吧。"

"培训都放在周末，感觉每次都在陪主任度过他的空虚寂寞冷。"

"根本没学什么还逼着我们发言，每次反馈就都是走形式。"

一个律所及律师团队的竞争优势很大一部分来源于它是否有快速学习的能力，而培养团队成员的学习能力又是律所主任和合伙人的管理责任。领导力之父沃伦·本尼斯在《七个天才团队的故事》一书中描述伟大团队的特质——"既能识别重要的问题，又能快速学习找出富有创意和突破性的答案，而不是平凡的解决之道。"在学习型组织中，组织成员学习的性质和它发生的方式是由组织文化决定的。因此，当律所主任和合伙人质疑青年律师没有形成学习氛围或组织学习的效果不好时，应该首先反观自己是否误解了培训的定义及价值。

第四章

薪酬管理篇
激活团队效能

老王的故事

2019 年冬天，A 市，B 律所。

主任老王呆坐在办公桌前，冬天的太阳照在办公室枯萎发黄的发财树上，墙上"天道酬勤"四个大字蒙上了好些灰尘，桌上的水晶烟缸也盛满了烟蒂。

再过三天，这里将被租给一间女子美容院，B 律所也将不复存在。

今天，是老王在这里的最后一天。

老王属猪，今年 51 岁。十年前，他从 A 市的一家国企法务部辞职下海，在本地的一家律所当提成律师。

执业五年后，有了些积蓄，老王和四个律师一起成立了 B 律所。五个人里，老王年纪最大、威望最高，顺理成章地当了律所主任。

B 律所租了大约 300 平方米的写字楼，每年 70 万元左右的房租和行政成本，五个合伙人均摊，日子也还过得去。

没事的时候，老王经常背着手在所里四处看看走走，找找主任的感觉。有时候遇到年轻女助理，老王也会说说段子，助理就骂他油腻。老王也不生气，说这是油而不腻。

B 律所运营了三四年，发展得不快不慢，不温不火，总创收一直在 300 万元左右徘徊。

老王是个有想法的人，经常也喜欢看看钱伯斯、ALB，眼看金 X、君 X 等头部律所如奇迹般存在，通 X、天 X 等业内黑马也快速发展，各位律界大咖走马灯似的你方唱罢我登场，指点江山，激扬文字，他很是羡慕。

奈何 A 市是三线城市，资源有限。努力了几年，律所业务还是集中在人身损害、婚姻家事、刑事辩护、合同纠纷等传统领域。

老王想做 IPO，却没有市场；想做重大民商诉讼，却没有案源；想做知识产权，不懂什么叫邻接权。

眼看律所的发展遇到了天花板，却找不到出路。老王有些急了，动不动就失眠，枸杞、六味地黄丸吃了一大堆，睡眠也没有改善。

一天晚饭后，老王躺在沙发上刷手机，在法律自媒体公众号上看到一篇介绍绩点制的文章。

文章内容是某个律所的主任从国外学来一套"绩点制"的管理制度，用了五年时间让律所从 20 个人、创收 500 万元的小所发展成人数过百、收入过亿元的大所。

"大所、人数过百、收入过亿元"，老王看到这里，不禁心潮澎湃，一阵酥麻，瞬间有了过电的感觉。

老王仔细研究了这篇文章，发现绩点制的发展目标与老王的想法不谋而合。最重要的是，在 A 市还没有实行绩点制这一先进制度的律所。

老王决定抓住这次机遇。

他一夜没睡，依样画葫芦地草拟了一个绩点制的初步方案：

（1）每个合伙人拿出创收的 20% 放入律所公共资金池，用于律所的品牌宣传、市场开拓、教育培训、知识管理；

（2）年底如果律所有盈余，根据合伙人的贡献度将 50% 的盈余作为利润进行分配，剩余的 50% 流入下一年度发展基金；

（3）合伙人贡献度由合伙人互相无记名打分，最低一分，最高五分，争取 B 律所也在五年内实现人数过百、收入过亿元的"小目标"。

第二天到了所里，老王立即召开合伙人会议，告诉大家要推行绩点制。会上，老王手舞足蹈、吐沫横飞地向合伙人力推绩点制的好处，并以头部律所的成功案例说服大家。说到动情处，他差点把义齿吐在桌上。对于绩点制，合伙人听了有点懵，但是大家都希望 B 律所能有发展，对老王的人品也都信任，金×和君×的成功也摆在那里。经过两天的密集讨论，合伙人全票通过了这个方案。其中，老赵鼎力支持，老钱、老孙和老李有点犹豫但也同意。

绩点制实施后一切顺利。正如老王所想的那样，作为 A 市首个实行绩点制的律所，B 律所在 A 市一炮打响。司法局、律工科、律协的各位领导纷纷前来参观指导，各个律所的主任都来祝贺和学习经验，老王着实风光了一把。他有时到法院开庭，法官都会随口说："王主任，你们律所最近发展得不错啊。"

老王心里别提多美了。

人在顺境的时候，时间就过得飞快。老王风光的瘾还没过足，转眼间就到了年底，算账的时候到了。

首先，由合伙人互评打分。老王作为主任，得分最高，老李得分最低。然后大家算账分钱，没想到，这账不算不要紧，一算，问题大了。合伙人发现，按照 B 律所的绩点分配制度，合伙人创收越高，投入律所的成本分摊比例也就越大。

2019 年，老王忙于参加各种露脸活动，没怎么做业务，创收只有70 万元。老李忙着办案子，创收 150 万元。按照绩点制规则，老李要承担高出老王一倍的运营成本。

合伙人评分中，老王对律所的贡献最大，得 5 分，分的利润最多，老李只得了 1 分。这下，老李可不乐意了。在老李看来，实施绩点制以后，对所里掏钱最多的人是自己，但最风光的人是老王。老李觉得特别委屈，认为这是在拿自己的钱去给老王做宣传。

合伙人的打分让老李觉得更加委屈。对律所成本，明明是自己承担的最多，老王承担的最少，合伙人凭什么认为老王贡献最大？凭什么给老王打高分？凭什么利润分给老王的多？

老李觉得自己被耍了。

第二天，老李去办公室找老王谈心。见到老王，老李情绪激动，认为绩点制规则分配不公，是在欺负人。没想到老王丝毫不为所动，反而劈头盖脸地把老李骂了一顿。用老王的话说，老李同志身上主要存在两个方面的问题：

（1）缺乏大局意识，只关注个人利益，不关注律所的整体发展；

（2）缺乏契约精神，不愿意遵守合伙人会议通过的绩点制分配规则。

谈话最后不欢而散。

老李本想从老王那得到一点安慰和补偿，没想到反被老王一顿猛批。回到家里，老李憋屈得一夜没睡着觉。

第二天一早，老李向老王提出了退伙申请，坚决要求退出 B 律所。

合伙人老孙平时和老李业务合作比较多，关系也好。他一看老李坚决退伙无法挽留，也决定退伙，跟老李一起走。

这么一来，B 律所只剩下老王、老赵和老钱三个合伙人，律所走到了"踩踏"的边缘。

踩踏，是中小型律所主任的噩梦。

中小型律所只要有 1/3 左右的合伙人退伙，就会导致剩余的合伙人分摊成本显著提高。

剩余的合伙人生怕留在所里会背上巨额债务，就会争先恐后地加速离开，律所最终会以极快的速度倒闭。

老王遇到的就是这个问题。老孙和老李退伙后，剩余三个人很难撑起 B 律所。于是老赵和老钱一合计，也向老王提出退伙转所。

老王听闻暴怒，没想到平时相处得如同兄弟的几位合伙人，一有风吹草动就想跑路。对赵钱孙李四位律师，老王极度鄙视。

但对于 B 律所的发展，老王充满信心。老王是条汉子，一拍桌子，决定自己承担全部成本继续运营 B 律所。他先从所里找两个律师当挂名合伙人，然后计划尽快引进志同道合的新合伙人。

关于这事，老王跟老婆是这么说的："全 A 市现在都知道 B 律所，知道我老王，我还怕找不到几个合伙人？我老王要让赵钱孙李四个人看看，B 律所没有他们，明天会更好！"老王给自己的方案起了个名字，叫"凤凰涅槃"。

很快，老王发现理想很丰满，现实却很骨感。

三个月过去了，老王居然没有找到一个合伙人。A 市不大，律师圈就更小，律师们基本都知道 B 律所的合伙人出走的事儿，不想来蹚这摊浑水。

好不容易遇到一两个有意向加盟的律师，他们一看目前只有老王一个人撑着整个所，都退避三舍敬而远之。

半年多过去了，还是没有律师愿意加盟。老王一个人真金白银地苦撑着 B 律所，原本五个人承担的成本，现在全落到老王一个人头上。老王真的快撑不住了。眼看这场"大火"，没把老王变成"凤凰"，反而烧成了"叫花鸡"。

执业十年，老王第一次陷入给家里交不出钱的窘境。

老王是这个家的经济支柱。媳妇没工作，一家人要吃饭，前年家里买了一套商品房，一直在还房贷。岳父身体不好一直住院，女儿刚考了雅思，明年出国读书要35万元的学费。

里里外外都需要钱，可是钱都扔进了所里，还欠了两个月的房租，怎么办？

这天，老王下班回家，决定跟媳妇坦白。

上楼之前，老王在车里抽了整整一包烟，无比沉重地走上楼梯。

吃完晚饭，老王鼓起勇气跟媳妇交代了所里目前的状况。话还没说完，媳妇眼睛就红了，老王的眼睛也红了。

夫妻两人抱头痛哭。

第二天，老王作出了一个决定，关掉B律所，辞掉助理，重新回到以前的所里，当一名提成律师。

一年后，有人在法院对面的面馆里见到了老王。老王坐在桌角，吃着一碗几乎看不到肉的牛肉面。他满脸疲惫，早已经没有了当年的英姿勃发和踌躇满志。

别人跟老王打招呼，还是会习惯性地叫他王主任，老王听到后低头不说话，猛喝了一口牛肉汤，沾着香菜的嘴角，泛起一丝苦笑。

律所实施绩点制的五大关键要点

目前，很多律所主任或合伙人只关注到了绩点制激励的好处，而忽略了实施绩点制存在的风险，没有对绩点制的激励实施条件、方法进行深入分析和系统研究，因此失败或者激励效果远不及提成制或授薪制律所，这一现象是需要正视的。绩点制使用不当的话，会形成以下管理风险：

（1）引狼入室；

（2）激励一个，打击一片。

徐晟磊律师在《一体化律所适用绩点制吗?》一文中提出："一方面在羡慕采用绩点制的这些律所的高收入的同时，也该琢磨一下，到底是绩点制成就了律所，还是律所的组织架构和业务模式适合采用绩点制，如果颠倒了因果关系，就会得出截然相反的结论。"绩点制是一种激励分配手段，但这只是激励和分配手段的一种而不是唯一。激励又是人力资源管理工作的一部分，要做好绩点制，还有很多配套的工作要做。我总结了律所实施绩点制的几大关键要点：

有一个能力极强的律所主任

我们读历史就会发现，但凡历史上的大事，无论是刁民造反还是青年革命，都需要一个"带头大哥"。推行绩点制，也需要这么一个人。这个人，必须具备较强的创收能力和沟通协调能力，二者缺一不可。人性都是趋利避害的。在实行绩点制初期，合伙人的长期收益一时见不到，短期利益却明显减少。此时，各种不满和猜忌都会出现，律所主任作为"带头大哥"就必须去协调化解各种问题，甚至首先需要割舍自身利益。所以，带头搞绩点制的这个人，既要具备雄厚的财力，同时又要有很高的情商、黏合力与感染力。

在上文中，首先，老王是个人业务能力不够强的主任。在律所存在局部利益失衡的情况下，老王没有能力对利益进行割舍，为后面矛盾的激发埋下了隐患；其次，老王的情商也不够高，老李在向老王诉苦时，老王本能地将老李情绪化的表现视为对自己个人权威的挑战，用更激烈的态度对待老李，从而激化矛盾，最终导致老李出走。从表面上看老李是因为绩点制而对老王有意见，实质上他是对利益失衡感到不满。

此时，老王只需要对老李做些言语上的安慰，对分配制度中不合理的部分做一些微调，老李一定会看在多年情分和律所未来发展的份上稳定情绪，毕竟大家当初合作也是基于情怀。但是，老王以上几点都没有做到，队伍不稳也就在所难免。"带头大哥"的作用既然如此关键，利益倾斜也就必不可少。

绩点制必须在利益分配上为"带头大哥"留有充足的余地。不能在"打土豪"的时候惦记大哥，"分田地"的时候忘了大哥。如果没有绩点制作为坚实的制度保障，"带头大哥"也会变成"缩头大哥"。

有长远目标、相同理念、共同愿景的合伙人

绩点制的终极目标，是通过长期的持续努力来打造一个优秀的平台，合伙人最终能够享受平台发展带来的红利。所以，合伙人必须具有长期合作的意愿以及相同的理念。我们不得不承认，由于长期行为具有不确定性，相当一部分合伙人极其看重短期利益。很多独立律师加入提成制律所时，唯一的选择标准就是提成比例；在加入公司制律所时，只看点数算法和每点含金量。如果一个律所大部分合伙人是这种心态，那

么这个律所无论创收多高、人数多少，都很难顺利实施绩点制。

从这个意义上说，国内很多"出租柜台"模式的大所并不是真正的"大"。所谓"大"，应是"强大"而不是"肥大"。这些"大所"里的合伙人并没有打造公共平台的长期愿望，纯粹是基于自身短期利益的考虑才聚到一起。一旦有利益更为优厚的平台，合伙人就会毫不犹豫地选择出走。

高度信任是关键

要想搞好绩点制，合伙人必须具有长期合作的意愿。但是，任何一种意愿都要付出对价：想在长期行为中受益，就必然会在短期行为中受损。因此，合伙人除了具有长期合作的意愿，还必须具有休戚与共的信念。绩点制在中国律师行业很先进，因此在实施初期具有极强的不确定性，特别是从提成制律所加入公司制律所的合伙人，相比于之前，到手的净收益一下少了很多，合伙人一定会有这样几个问题：律所平台未来能否打造成功？如果失败了怎么办？如果成功了我个人能不能获得回报？能获得多少回报？

我们无需对合伙人的犹豫和疑问妄加指责，人性使然。就像我们买理财产品的时候都只关注收益率而忽略风险。买理财产品尚且如此，更何况经营律所呢？

所以，在 VUCA 时代，合伙人要对管理层和同胞合伙人有充分的信任。如果合伙人们对管理层和其他合伙人缺乏信任，神经就会时刻处于紧绷当中，一有风吹草动就如惊弓之鸟，走人就在所难免了。律所的本质是人合，如果合伙人还没有相互形成高度的信任，就不是搞绩点制的最好时机，这也反过来印证本文所说的"带头大哥"的重要性。

与绩点制相反的制度，是传统律所"吃光、用光、分光"制度（以下简称"三光"制）。"三光"制是指律所不设公共资金池，合伙人承担必要的公共费用后，在年底将自己的创收全部拿走，律所盈余也全部平分，除预留必要的水电费房租等支出外，律所账户上基本不留公共资金的管理制度。"三光"制位于律所管理制度鄙视链的最底层，但这一制度真的那么 LOW 吗？如果"三光"制一无是处，为什么在大多数律所中实施至今呢？因为"三光"制有一个绩点制无法比拟的优点，那就是高度的确定性。在"三光"制下，合伙人对每年承担的行政成本、最终分配的比例都有一个比较清晰的估算和预判。

合伙人的最终收益一般不会出现大的起伏，这对于很多在业务成长期的合伙人来说是非常重要的。在一个缺乏信任的环境里，确定性就是合伙人最好的黏合剂。这也是老王的律所本来风平浪静，合伙人们认可老王的创造性，也愿意尝试新制度，但绩点制实施后律所就分崩离析的原因。因为绩点制打破了原有的确定性。

好的绩点制，本质是一套优秀的"算法"

绩点制是科学，不是玄学，更不是神学，它需要用大量的数据和算法来落地支撑。老王的失败之处在于，他并没有深入地了解绩点制的内部原理和计算细节，仅仅根据一个概念模型来实施绩点制，这是极其草率的。如果我们仅仅根据概念模型来理解这个世界，会发现竹蜻蜓和直升机、窜天猴和宇宙飞船、老王和比尔·盖茨（Bill Gates）也都没什么区别，但事实显然不是。有很多合伙人，在酒酣耳热之际一拍脑袋口出豪言壮语，就决定搞绩点制，忽略了绩点制所涉及的大量方法问题和细节问题。

所以，要想搞好绩点制，一定要注意从数学和算法的角度去理解绩点制，而不是从口号和修辞的角度去理解绩点制。一套优秀的绩点制算法，可以在一定程度上解决前文所述的"带头大哥能力不强""合伙人缺乏长期目标"以及"合伙人缺乏信任"等诸多问题。反之，如果缺乏一套优秀的绩点制算法，即便是合伙人有极强的业务能力和凝聚力，也会被糟糕的制度拖累掣肘。

实施绩点制要解决什么问题？

1. 绩点制算法要处理好创收性贡献和非创收性贡献的关系

绩点制的核心，是用一套优秀的"算法"来鼓励和引导律师对公共平台的建设作出贡献。律师对律所的贡献，可分为创收性贡献和非创收性贡献两类。创收性贡献，通俗地说就是律师的个人创收。个人创收关系到律师的收益，属于典型的内因驱动行为。因此律所不用对律师的创收性贡献做过多激励，而要多激励律师的非创收性贡献，即要用各种手段去激励律师做对个人创收无益但对平台有益的工作。

有的律所，以单纯的创收数额来计算合伙人的贡献值，将律所的利润和盈余按照创收比例奖励给高创收的合伙人，这大概是最糟糕的绩点制算法。这样导致的结果是所有合伙人都不关心公共平台的发展，都在追求高创收，甚至还会有居心叵测之人借此平台"洗钱"。把一套激励发展的算法，变成了一套鼓励犯罪的算法。这样搞绩点制，焉有不败之理？

2. 绩点制算法要处理好新人和老人的关系

律所要想发展，新鲜血液必不可少，但要想吸引优秀的新合伙人加盟，则必须处理好新老合伙人的利益分配关系。很多律所实施绩点制时，对老合伙人开出了过于优厚的待遇。例如，单纯地以在律所的执业时间来计算年资计点，后期加入的合伙人无论贡献多大，在利润分配上也无法追上老合伙人。这一点，在国内一些老牌律所表现得尤为明显。给老合伙人一定的优待无可厚非，但是在制度上过度维护老合伙人的利益，最终会在新、老合伙人之间形成两个对立阶层。结果一定是合伙人出走或阻碍新合伙人加盟。这样，律所就会逐渐老化、僵化，业绩和市场知名度必然会逐年下降，最终受损的还是老合伙人。目前某些律所已出现一些国企化、官僚化的迹象，年轻合伙人出头无望，自然会用脚投票选择新的平台。再过十年，可能就是另外一番景象。

3. 绩点制算法要处理好加入和退出的关系

壮大和发展，是律所的永恒主题。对于优秀的律师，所有的律所都无一例外地希望来的人越多越好，走的人越少越好。如何让优秀律师多来少走，这需要智慧。我们可以尝试用逆向逻辑来思考：要想解决"来"的问题，首先要解决"走"的问题。只有保证律师愉快地走，才能吸引律师开心地来。

在实施绩点制的律所中，合伙人每年对平台都有相当的有形和无形的投入。一旦合伙人离开律所，则无法享受今后平台发展的红利。如果平台对合伙人没有任何返还和补偿，就意味着之前的投入全部化为乌有，这已经成为合伙人选择绩点制律所的一个重要障碍。

因此，好的绩点制要有一个完善的退出机制，这样才能保证合伙人加入绩点制律所时不会有后顾之忧。有的律所，不但缺乏退出机制，还对离开的合伙人百般刁难，这实在令人遗憾。

绩点制不是灵丹妙药，不要试图"弯道超车"

中国律师业经过四十余年的发展，中小律所的发展逐渐进入瓶颈期。律所主任们都希望有一个迅速实现"弯道超车"的方案，可以让中小规模律所迅速发展壮大，追上甚至超过头部所。然而，所谓的"弯道超车"，往往意味着要么办理高风险的法律业务，要么实施高风险的管理制度。这种冒进虽不能说没有成功的先例，但失败的教训显然更多。

绩点制是勇敢者的游戏，可以让强者变得更强，但不能让弱者一步登天。律所要想做大做强，关键还在业务能力。如果一个传统律所已经具有较强的业务能力和创收能力、较强的凝聚力，此时再配上一套制定良好的绩点制度，确实可以让律所更上一层楼。

但如果像老王那样，在律所以及自身"内力"不足，又对绩点制缺乏深入了解的情况下，想靠一个制度、一个工具来迅速扭转律所的局面，就如盲人骑瞎马，夜半临深池。因此就整个中国律师行业来说，这个故事折射出行业在转型发展期间律师们的各种努力、坚持、迷惘、无奈和心酸。

加强并完善的人力资源管理系统

完善的人力资源管理系统也是绩点制成功的基石，没有完善的人力资源管理系统作为支撑，实施绩点制就是空中楼阁，"大锅饭现象""成员积极性不足现象""人员流失现象"都会陆续出现。

绩点制要成功落地，本身就是一项复杂和精细的工作，盲目实施不但不会有效果，反而会浪费大量成本，甚至会面临成员流失的风险。下文基于上文的内容，补充从人力资源管理层面强化绩点制实施的三点方法：

1. 运用人才盘点和评价机制

"互相打分"和"按资排辈"是行业中常见的"点数"设置方法。创始合伙人之间大多都知根知底，也有足够的信任，"相互打分拍脑袋"的结果一般都相对客观；"按资排辈"也姑且算是符合律所发展逻辑，创始合伙人或资深合伙人为律所现在的盈利能力作出了贡献，且其积累多年的丰富经验使其对律所更有价值。尽管这两种方法都能站得住脚，但我们不能理所当然地认为这两种方法就是正确的。首先，律所壮大需要不断吸纳新合伙人，不可能每个人都对新晋人员有足够的信任和了解；其次，老合伙人随着年龄的增大，对律所贡献的价值会逐年递减；最重要的是，"互相打分"和"按资排辈"的方法不能对业务表现出众的人给予激励。在竞争激烈的市场环境中，合伙人的横向流动非常普遍，年轻律师也不太愿意为了未来才能实现的奖励（按资排辈）而等待，这将加大人才流失的风险。

因此，律所需要采用定期人才盘点的方法，用业绩和素质的双维度考察，对合伙人的"点数"进行复盘和设置，在业绩、年龄维度之外，综合考量合伙人的社会影响力、盈利能力、团队培养贡献、承办项目给律所创造的贡献率、案件代理结果等。好的绩点制设置要有统一的评价模型，实现对合伙人过去、现在、未来全时间轴的双维度评价。

2. 营造统一的文化价值观

绩点制需要合伙人有共同的价值观、使命和愿景，尤其是需要有远见卓识的品质和先公后私的精神。同时，需要律所有强大的组织能力及稳健的人才梯队，团队成员之间相互信任、建立良性冲突规则、共担责任、履行承诺，最终达成结果。因此，律所或律师团队要在团队成员中塑造公平公正、正面积极的文化氛围、鼓励大家持续奋斗，让尚未实施绩点制激励的成员认识到，通过自身努力，可以成为其中的一分子。如果没有正确的文化引导或合伙人作出表率，绩点制就会造成内部攀比的不良风气，要么出现过度竞争甚至不和谐与矛盾的情况，要么出现一团和气，消极怠工的情况。

3. 完善的薪酬福利及绩效体系

相对于绩点制在年度内的激励，薪酬福利属于短期激励。短期激励体系的完备性和竞争性可以解决团队成员基本的激励需求。在实践中，会有一些施行绩点制的律所不给合伙人发放月薪，导致合伙人没有日常生活保障，只能一次性在年底根据绩点拿分红。这不仅违背马斯洛需求理论，而且降低了绩点制的激励作用，同时很可能导致很多非合伙人在职业选择时，宁愿长期持续选择授薪和提成模式，也不向绩点成员迈进。此外，任何不与绩效目标挂钩的绩点制都是"耍流氓"。要确保绩点制的有效落地，还必须有配套完善的绩效评价制度，将评价与激励形成套索。

绩点制是体系性的工程，需要愿景先行，同时配上人才盘点工作、绩效评价制度，才能真正有效运转。

律师行业薪酬浪费的七宗罪

"浪费"是指在生产和生活中对人力、物力和财力等资源不合理使用的一种行为和现象，多表示由于管理和配置的失误，导致消耗的资源超出了完成某项活动本身所需要的资源。2021 年年初，我进行了一次北上深所有红圈所以及 8 个省会城市当地头部律所非合伙人的薪酬调研。做完行业薪酬数据调研后，我遗憾地发现，薪酬浪费是律师行业一个现象级问题。由于律所缺乏人力资源的数据分析，很多主任和合伙人只看到了人力成本的增加或减少，却忽视了投入产出比对律所薪酬设置的意义。

广告大师约翰·沃纳梅克（John Wanamaker）有一句名言——"我知道广告费有一半被浪费了，但我不知道被浪费的是哪一半。"对于浪费的不自知是非常遗憾的，律师行业的薪酬浪费，主要基于七个方面：

薪酬浪费行为之一：低工资

史蒂夫·乔布斯（Steve Jobs）说："我过去常常认为一名出色的人才能顶 2 名平庸的团队成员，现在我认为能顶 50 名。"律师行业是典型的智力密集型行业，除了硬件及房租成本外，人力成本几乎是唯一成本，人才是律所的核心资产。越优秀的人才所需要的吸引成本和保留成本就越高，"3 万元俱乐部"的时代已然来临，那些不愿意花成本用人、留人的合伙人即将面临无人可用的情形。

行业中绝大部分的律所主任和合伙人用"成本导向"而不是"价值导向"去思考人力资本，例如：五险一金由团队成员个人承担、实习期按照最低标准支付或不支付工资、除了工资没有其他组合薪酬等。只要能降低人力成本，无所不用其极。这样"成本导向"的做法看似节省了短期利益，但实际上大大浪费了薪酬支出。因为低成本一定换不来高绩效。效率工资理论认为，"高生产率是高工资的结果，支付比市场保留工资高得多的工资更能吸引和稳住人才，在提高团队成员激情的同时也提高了团队成员懈怠的成本，具有激励和约束的双重功效"。

低薪造成浪费，主要有两方面的原因：

一是低薪一定会造成优秀律师的流失，不断更替团队成员将无限提高成本（这一点可以参考《律所"招错人"的损失触目惊心！》一文）。如果团队的流失率居高不下，团队整体素质和战斗力自然相应下滑，雇主品牌形象尽毁不说，最终还影响团队创收。

二是低薪会造成团队成员的"敬业度低"和"工作效率低"两个"双低"现象。低薪既不能吸引到外部优秀人才，又会让现有优秀人员流失，即使留下的团队成员也很难创造价值。杰克·韦尔奇说："工资最高的时候，成本最低。"持续"低薪"是实习律师在取得执业证后选择"独立"或跳槽的一个很重要的原因。青年律师的竞争压力和生存压力都很大，如果律所或律师团队没有在薪酬上给予心理安全感，甚至无法满足基础生存需要，团队成员的工作效率自然会降低。

从短期来看，高薪好像增加了成本，但是高薪能吸引优秀人才，优秀人才能提升工作效能，为增加创收贡献力量，创收高了就可以为现有人员加薪并持续吸引优秀人才，这样的良性循环才能支持团队走向基业长青。所以拉长时间维度，高薪在总体上节省了人力成本，构筑了人才的市场竞争力。

薪酬浪费行为之二：单纯用薪酬激励

高薪只是组织效能打造过程中的一环，要持续打造高效能组织，还要从合伙人的领导力、组织健康、领先人力资源落地三个层次同时赋能。最健康的组织不是薪酬最高的组织，"薪酬最高"也不仅仅单指每月工资卡的数字"最高"。在人力资源管理学中，薪酬的概念非常广泛。我们通常用"全面激励"来诠释薪酬的外延，其包含四个部分，特指薪酬、福利、职业发展和团队文化。如果激励手段只有"钱"这一项，或者团队成员仅仅"看在钱的分上"，那么也是薪酬的浪费。

天同互联网法律服务团队在所内采用的是单独的、相对于民商事业务板块更低一些的薪酬体系。仅从财务数据来看，团队的人力成本是低于所内其他板块的，但团队战斗力以及对新成员的吸引力并没受影响。主要原因是除了天同的品牌影响力，团队一直以来用 OKR 的目标管理工具对齐目标、每月进行发展面谈开通合伙人与团队成员之间的沟通渠道、采购团队协同软件用数字化理念完成团队知识管理、团队成员之间有明确的岗位职责划分与相关的冲突解决机制、用"721"学习模式培养成员、定期进行团队野外拓展游遍大好河山、在律所午餐补贴的基础上增加了晚餐补贴的福利……这些手段看上去都和"月工资"无关，但都是薪酬的补充，有更强的黏合力。

薪酬浪费行为之三：不规范的随机调薪

随机的内部调薪会损害薪酬的严肃性。合伙人经常会心血来潮拿"加薪"作为奖励。例如，助理入职时设定一个较低的合同工资标准，过了两三个月，发现该助理表现优良，工作完成度很高，没过试用期就给加工资，但过了一段时间发现好像加薪加早了，这时候想退又退不回来；还有，在面试时面试官会说"你先入职，等你干好了，我们再把钱加上去"，这些说法的背后都是合伙人对随机调薪危害的不了解。

　　除了合伙人，还有一种常见情况就是团队成员自己主动要求加薪。例如，过了试用期、赢了一个案子、协助签了一个大单子等，都试图找合伙人邀功，再或者常见的以离职威胁要求加薪。合伙人们遇到这种情况无非两种选择：第一种，狠狠心不同意加薪，这样一般会造成师徒关系进入冰点，团队成员会认为没有被认可；第二种，抹不开面子最终同意加薪。"讨来的奖励"一方面会造成合伙人不情不愿觉得被裹挟了，另一方面被加薪的小伙伴只会认为这份工资是他们早就应得的而缺少感恩之心。这时，没有被加薪的成员还可能会心存嫉恨。发生这种尴尬情境的原因都是因为没有规范的调薪机制和标准，无法做到内部公平，不能产生激励作用，徒增合伙人的心理负担和财务压力，这也会造成薪酬浪费。

　　调薪这样一个看似简单的动作，好像会皆大欢喜，但是其中暗藏玄机，不仅需要有严格的流程和标准，统一时间、统一话术、注重团队成员的比例控制，还要考虑到律所或律师团队的财务情况，计算人效。有效的调薪有以下几种：

　　（1）全员普遍调薪：可以安排在年底年度绩效访谈或考核之后或来年的春天，也可以放在当年实习律师面试考核结束后；

　　（2）个别的特殊调薪：特殊事件发生时，例如晋升；为了修正普遍调薪造成的失误或者可能的内外环境变化，可以设置一个半年度特殊调薪的机制，但必须控制好比例并明确该管理行为的"触发"理由；

　　（3）如果都不符合以上条件，合伙人认为某团队成员近期需要嘉奖，可以采用非现金形式进行，例如聚餐、送礼物、给假期或者用"积分"的玩法，放在年度综合考虑。

　　在调薪过程中，合伙人和团队成员之间需要充分沟通，团队成员对调薪享有必要的知情权。合伙人要把每次的调薪工作作为团队管理的重要责任和义务，不能委派他人也不能完全依赖人力部门完成。合伙人不可高估"薪酬"在团队成员之间的包容度，也不要低估"薪酬不公"对团队的破坏力。

薪酬调整结束后，要给团队成员发一份书面的《调薪单》，该文件的作用和 OFFER 一样，是律所及合伙人的承诺。这不仅是对双方的约束，该仪式感也可增加团队成员的归属感，细小的动作却能起到极好的激励作用。

薪酬浪费行为之四：薪酬不保密

团队成员对薪酬是否公平的感受来自两个方面：一是外部公平，即自己所在的律所或团队与同规模水平的其他律所或团队薪酬相比处于什么水平；二是内部公平，即团队成员之间薪酬的高低水平。相对而言，内部公平往往比外部公平更容易引起团队成员的关注。心理学上的"乌比冈湖"效应，阐释了人们总觉得自己在任何方面都会高出平均水平的心理倾向，即人们对自己的认知永远都是高过实际水平的。因此，如果薪酬透明，没有人会因为其他人的薪酬高于自己而开心，不会有人认为自己现在的工资足够高，也不会有人会自发地因为别人比自己多拿钱而心服口服，所有人都希望获得更多的工资，获得最高的工资。除非团队里的薪酬是完全一致的，但这不可能做到，也不应该盲目"公平"。帕特里克·兰西奥尼在《优势：组织健康胜于一切》一书中着重阐述了"基本归因错误"理论，认为"人都有自我认知的偏差"。因此，如果薪酬不保密，团队成员之间相互比较薪酬后会走向一个结果——对现有薪酬不满意，这种不平衡的心态势必影响工作的积极性和效率。大多数时候，并不是薪酬实际很低，而是团队成员"认为很低"。这就造成了薪酬的严重浪费。

"薪酬保密制度"是优秀企业的普遍做法，但在律师行业"薪酬不保密"是普遍现象。对"薪酬是否需要保密"这个问题，在实践中有两种势均力敌的观点：支持"薪酬保密"的认为，薪酬保密可以减少团队成员之间不合理的攀比，有利于稳定情绪和队伍；认为"薪酬保密"不可行的认为，既然团队的创收、分配、提成都是公开的，那么薪酬保密毫无意义，公开薪酬反而可以增加内部竞争，刺激效能。事实上这两个观点的初衷是一致的，就是更好地激励团队成员。

但为什么会形成截然相反的两种观点呢？这是因为他们适用于两种不同的律所运营模式：提成制律所的独立律师不存在"薪酬"的概念，薪酬保密这一前提根本不成立；但提成制律所中的一体化团队，或者公司制律所，就必然会存在团队成员之间薪酬差异的情况，只要有薪酬差异存在，薪酬保密制度就应执行。

在我前十几年的企业人力资源管理从业过程中，所任职的外资企业、大型民营企业、国有企业以及香港上市公司，均执行严苛的薪酬保密制度，无论文化多么开放，都坚守薪酬"背靠背"的原则，曾有团队成员违反薪酬保密制度，被认为"严重违反企业制度"而被开除的案例。

当然，"薪酬保密"并不是追求100%的保密。第一，建立起保密的团队文化，将薪酬讨论的频率和攀比的机会降到最低，铲除滋生不满情绪的土壤，让团队成员的视角从他人转向自身，更多地跟自己比；第二，薪酬保密的基础和前提是公开薪酬分配制度。"制度公开"是指所有关于薪酬制度的规定向团队成员公开，让团队成员理解团队的薪酬管理原则，例如薪酬带宽、调薪方式、晋升通道、任职资格、薪酬结构（例如：工资＝月薪+绩效奖金+餐补+交通补贴+2个月年终奖等）、福利规定（例如：餐补50元/日、交通补贴200元/月等）、薪酬发放时间（例如：每月8日律所支付工资，其他部分10日支付等）。

最大限度地让团队成员了解薪酬制度，和薪酬保密并不冲突。保密的是"金额"，而不是"制度"。薪酬制度的公开可以减少因金额保密造成的猜忌，同时是在薪酬问题上对团队成员的充分尊重，强化每个岗位内部的良性竞争，从而增加对合伙人的信任度。薪酬保密工作看似容易但执行起来非常困难，需要从管委会到合伙人再到团队成员自上而下有统一的认识和认知，从律所管理制度层面予以规范。

薪酬浪费行为之五：慷慨随意地承诺

合伙人们在做薪酬调整时要关注一个非常重要的公式：个人薪酬满意度＝个人感知的所得/心理期望。"个人薪酬满意度"是指团队成员对薪酬、工作内容、职业成长等因素的心理满意程度；"个人感知的薪酬所得"是指以上因素中个人感知到的激励；"心理期望"是指团队成员对个人所得的心理预期。因此，个人薪酬满意度和心理期望是负相关。如果合伙人过多地给团队成员"画饼"或者开"空头支票"，就会拉高团队成员的心理预期，例如"今年我们有一个非常好的薪酬优化方案""今年创收高，年终奖不会低""明年我们会大幅度加薪"，诸如此类拉高团队成员预期的说法，都很容易在调薪时造成毁灭性打击。

管理团队成员的"心理预期"是合伙人走向优秀领导者的必修课。在公司制律所或一体化团队中，因个人感知所得降低和心理期望过高引起的人才保留与激励方面的问题非常普遍。团队成员因为缺乏对内外部信息的了解，很多时候对薪酬的感知不能反映实际情况。即便律所在人力成本上的投入已经远远超出同类律所，但团队成员仍会觉得薪酬较低，这时候工作积极性就会下降，从而造成薪酬的实际浪费。

管理薪酬是一个系统工程，要从薪酬方案设计之初就开始关注，要让团队成员更多地参与其中，听取他们的意见和想法，并就薪酬优化工作的目的、期待以及律所的人才战略发展等，和团队成员深入沟通，并答疑解惑。

薪酬浪费行为之六：工资发给不合适的人

吉姆·柯林斯在《从优秀到卓越》一书中提出，"重要的不是支付报酬的多少，而是支付给什么人"。在实现团队变革及发展时，"人"不是最重要的财富，"合适的人"才是，合伙人要主动在团队中创造"勤者生存，懒者淘汰"的氛围，不能一味用"家"文化的借口去掩盖不愿意淘汰绩差团队成员的内心恐惧。

薪酬的第六大浪费现象非常隐蔽，贯穿于组织管理的供需平衡全过程。我经常遇到来访的合伙人问："这个人能力不值他现在工资的价格，我都不太安排他重要工作了，但我不知道怎么办。""那你为什么不淘汰他？"我总是会这样反问。

如果合伙人碍于各种原因，没有让不合适的人离开，付出的薪酬成本没有使他们发挥应有的价值，反而会导致团队变得臃肿而阻碍优秀的人施展才能。例如，在团队内部施行"一刀切"的薪酬方式，一位工作完成度高、业绩表现佳的主办律师工作五年都没有加薪或者年底和大家拿着一样的奖金，他的离职一定是早晚的事。我们要在日常定薪中实现"差异化"薪酬，将薪酬向优秀的团队成员倾斜，使其能力与贡献相匹配。宽带薪酬可以将同一职级不同素质人员的薪酬作差异化处理，也可以在不同职级上作同一薪酬激励操作。这样，才算得上是真正的公平。

薪酬浪费行为之七：低固定高浮动的薪酬结构

这个现象常见于提成制律所，基本模式为底薪+提成。本节不探讨提成制律所与公司制律所的分配方式，仅研究授薪制律师的薪酬结构。

　　现实中，团队如果采用"固定薪酬＋奖金"的方式，固定薪酬一般不会高，靠奖金增加薪酬总数，奖金部分大多来自案件提成。在公司制律所或授薪团队中，团队成员会形成分工与协作，根据团队设置的不同，有些是基于案件业务类型的横向分工，也有些是基于一个案子不同阶段的纵向分工，如果浮动部分的奖金设置标准单一，就会导致团队成员为了获得更高的收入，过于关注奖金项下的工作内容，忽视不能直接带来薪酬增长的部分。例如一位辅庭律师的本职工作是完成案件的检索、分析、证据整理等相对基础的工作，但如果在这个岗位上设置了"案源奖"，很可能引导这位辅庭律师一心只想开拓案源，而耽误了固定薪酬的那部分本职工作，这时候他往往不会考虑团队的费用，造成团队整体成本的上升。

　　用浮动薪酬方式取得高薪的基本都是高年级律师，大部分低年级律师还处在低收入圈内。如果低年级律师每月的固定收入较低，甚至不能保障其日常生活，那么团队成员流失率就会上升。如果此时大环境出现波动或者短期内业务形势下滑，团队成员就很容易丧失信心，直接影响团队成员的归属感，无法吸引以及保留人才。

　　低固定、高浮动的薪酬结构，会让团队成员在某一团队创收高峰时出现假性敬业度高的现象。例如，案源充足时，团队成员事实上是在为自己拼命，与团队无关；业绩不好时，团队成员就在低薪的逼迫下作鸟兽散。

　　低固定、高浮动的薪酬结构对于律所或律师团队而言，就是浮动奖金早发和迟发的问题，但事实上并没有降低人力成本，反而造成团队成员很多的抱怨和不满。重要的是，在招聘过程中没有竞争优势。例如 A 律所设置的主办律师的薪酬结构是"2 万元月薪＋1～8 个月绩效奖金"，历年奖金发放的比例均为 5 个月，因此律所实际为这位主办律师承担的薪酬为 2 万元×（12+5）＝34 万元；而 B 律所对同一层级主办律师的薪酬结构设置为 2.5 万元月薪＋1～2 个月绩效奖金，如表 4-1 所示：

表 4-1　薪酬结构

律所	月薪（元）	年度绩效	历年绩效奖金支付月数平均值	薪酬总额（元）
A	20000.00	1～8 个月	4.7	334000.00
B	25000.00	1～2 个月	1.3	332500.00

我们不难看出，A 律所的浮动奖金部分占了年度总金额的 30%，而 B 律所只占了 7%。A、B 两个律所在实际支付团队成员薪酬上并没有太大差异，但是在月薪的给付上，B 律所比 A 律所高了 5000 元人民币。试想，在律所品牌相当、业务体量相同的情况下，一位应届毕业生会如何选择？显而易见。我在本书"招聘管理"部分强调了"选择优秀"的管理理念，如果因为薪酬设置不合理导致在人才管理的第一步选人上就落后于其他律所或团队，后续将产生各种不良的恶性循环。

当然，有一部分律所主任或合伙人会认为，高占比的浮动薪酬可以激发团队成员的斗志，让他们更加努力地创造高业绩，高业绩和高薪酬是正比例关系，团队成员从自身创造的价值中赢得奖金，非常公平。这个观点看似很有道理，但这只适合提成制律所或崇尚明星主义的团队，这种强调个人单一业绩的激励方式，不适合公司制律所和一体化团队。

无论是非合伙人的薪酬管理还是合伙人的分配制度管理，都是律所管理的一大难点，也是最敏感的人力资源管理内容。许多律所主任或合伙人都千方百计地想要设计出一套完美的薪酬激励方案，从我个人经验来看，适配的薪酬体系不是寻求标新立异或引领行业先驱的方案，而是将现有薪酬体系的各个环节执行得更加精细，减少或消除上述薪酬浪费的七大现象。

用『345薪酬』模式
提升人效

场景一：某头部所权益合伙人 A 律师，统一设定本团队成员的薪酬比其他业务板块同岗位的成员高 1000 元/月，方法是："新人来了我就让他去其他团队问，只要人家给 5000 元的，我就给 6000 元，人家给 6000 元的，我就给 7000 元。"团队组建不到一年，全员离职。

场景二：华南某地头部所 B 主任，只按照本市社保缴纳最低线给实习律师缴纳五险一金，理由是："他实习期，什么也干不来，我能给他挂证缴社保就不错了！"B 主任每年都在更换助理。

场景三：某专业团队 C 律师，高薪聘请律师助理，每月发薪时间固定，根据表现还有 10%的案件提成，但不像同所其他团队享有年度旅游等额外福利。入职 2 年，C 律师收到辞职信，该助理转身加入本所 D 律师团队。

以上三个薪酬设置的场景常见于我们日常工作中，律师行业的薪酬划分模式可能有很多，但我把薪酬模式分为两大类：一类是"345"薪酬模式，一类是"低薪苦循环"模式。

"给 3 个人发 4 个人的薪酬，创造出 5 个人的价值"，这是很多律所主任或合伙人梦寐以求的薪酬管理境界，也是实现律师与律所共赢的薪酬模式。"345 薪酬"并不是我的独创，而是被许多优秀企业、世界 500 强公司采用的薪酬模式。我一直用这个理念设计团队成员的薪酬。

关注"人效比"，用数据了解团队

我首次将"人效比"引入律师行业时，也遭到了非常多的质疑，如何计算？计算的目的？怎么衡量？好的人效比是什么？一堆问题扑面而来。所谓"人效"，就是人均效率或人均效益的简称，是指单位人数或单位人力成本创造的有效产出，可以指团队业绩创收、胜诉率、接单率、作业完成率等。"人效"同时也是用来衡量团队或组织人力资源价值、计量现有人力资源获利能力的指标。"人效"数据和律师界常用的"人均创收"是两个维度的数据，但二者并不矛盾：

第一，计算方式不同（我们拿律所年度数据为例）：年度人均创收 ＝ 年度创收总额/合伙人人数；年创收人效 ＝ 年度创收总额/年度人力成本；人均创收只需要看创收数据与人数的比较，人数也只计算有证律师，基本不考虑实习律师和职能人员在团队中的占比，诉讼业务的律师更好衡量；而"人效"数据是基于"人"的因素，可以分别计算某律所或团队不同业务领域或板块的人员效能，例如职能人员的人效、律师的人效、实习律师的人效，可以将合伙人分红纳入总创收，也可以只单纯计算人力成本数据。人效的数据需要有精确的人力成本和财务数据支撑，这里的人力成本包括所有显性和隐性成本。

第二，考察角度不同："人均创收"考察的是平均每人创造的收入，而"人效"指的是单位人力成本下的有效产出；我们可以理解为前者是钱与人头数的关系，后者为钱与钱的投入产出比的关系；人均创收可以看到合伙人的业绩能力，人效数据可以看出合伙人的管理能力。

第三，作用不同："人均创收"最直接地反应律所或律师团队当年的创收和业绩情况，可以用于同行之间比较，具有表征价值。同时也可以在律所引进合伙人时作为其业务能力的数据参考；而"人效"数据主要是计算人工成本的产出效率，用于律所以直接或间接方式给团队成员基于劳动贡献的回报，也可以用于律所年度调薪、年度招聘计划设置、人员优胜劣汰等。

第四，表现形式不同："人均创收"是显性数据，看的是合伙人"赚了多少钱"，很容易计算；"人效"数据是隐性数据，因为其分母是人力成本，人力成本除了薪资、奖金、福利、社保之外，还需要看团队离职时经济补偿金的支出、人员招聘的实际投入、人员培训的成本等。相对于显性数据而言，隐性成本不那么显而易见，容易被忽视。但被我们忽视的成本，往往是一笔不小的开支。

除了单位人力成本以外，人效数据的另一个重要公式为"百元工资利用率"，该数据值也为合伙人给团队成员定薪提供了很好的支撑作用。每百元工资利用率＝年度业绩创收/团队薪酬总额×100。

以上可以看出，人效指标综合考虑了创收规划和人力成本投入，从短期激励投入和长期发展两方面进行平衡，是律所及团队内部管理的重要指标。人效的高低直接反映运营能力以及业务效率，体现了团队的生产力，其同比与环比的变化趋势也直接体现团队可持续发展的潜力。人力资源管理的目标就是以最少的人力资源投入达到最高的产出。如果团队希望在人力成本不变的情况下提高人效数据，就需要合伙人将更多的时间投入到管理上，设立人效目标，确保团队的增员、减员、调薪围绕当年创收目标进行，积极开拓案源或新的业务模式。了解并关注人效数据，可以为我们设置"345"薪酬模式提供有力的数据支撑。

用"345 薪酬"模式建立良好的团队薪酬机制

"给 3 个人发 4 个人的薪酬，创造出 5 个人的价值"，这是"345 薪酬"的简单定义，但它并不是狭义地解决如何定薪和发薪的问题，而是要在律师与团队、团队和律所内部建立一套高绩效、高产出的、能够不断迭代优化的激励体系。整个体系包括优秀人才的招聘、评价、激励以及打造健康的组织管理体系。"345 薪酬"具体如何理解呢？

"3"：选择合适的人，淘汰不合适的人。将人力成本投入到精准选人环节，这是"345 薪酬"体系得以有效实施的前提。精准选人又取决于两个方面：一是招到优秀的、合适的人；二是在过程中做好人才盘点与评价，及时解聘不合适或跟不上团队发展的人。合伙人既要有裁人的勇气，又要有裁人的决心和行动，这样可以为外部优秀人才的引进及内部优秀人才的保留赢得更大的空间。在创收持平的情况下，达到人员配置的最优化。

"4"：对合适的人加大激励，这是实施"345 薪酬"体系的关键与核心。根据效率工资理论，支付超过市场平均水平 10% 的薪资就可以更大地激发人的潜能，工资最高的时候成本最低。在"3"优选人才的基础之上，将激励资源（绩效、奖金、分红）向更合适、更关键的优秀人才倾斜。在这个环节，合伙人都要有先付出高薪的霸气和胸怀，只有有了高激励，在人才的选择、留用方面才能获得主动权，这也反推"3"的达成。

"5"：让团队创造高价值。在"3"就位、"4"到位后，确保"5"的价值产出，这是实施"345 薪酬"体系的目的。律所或团队要为合适的人创造充分施展才华、贡献价值的组织环境，要让 3 个人创造 5 个人的价值，就要将个人绩效和团队绩效挂钩，形成良好而健康的团队文化，完善高绩效组织运作体系，将办公室斗争、臃肿的组织架构、冗长而低效的流程控制在最小的范围内，或避免发生。

由于"345 薪酬"制度不是简单的一套薪酬方案或一种薪酬策略，而是一整套人力资源管理机制，因此，对于公司制律所和一体化律师团队很有借鉴意义。制订薪酬方案、完成薪酬优化工作只是"345 薪酬"体系的一部分，还需要系统的薪酬管理、人才评价、目标管理、组织和流程优化等一整套制度作为保障。遗憾的是，在实践中，受制于没有人力资源体系的有力支撑，目前律师行业推行这套系统非常困难，一旦没有实施好就容易陷于低薪的"苦循环"，这一点，即便是"3万元俱乐部"也需要警惕，毕竟高月薪只是"345薪酬"体系的一部分。

给团队和律所（一体化）"瘦身"，保持战斗力

李祖滨老师说："过去30年求规模、求速度的发展模式，让中国90%以上的企业患上了组织肥胖症。"中国律师团队也在经历这个过程，"小律所大组织"现象在中国律师界并不罕见，而这会造成人浮于事的困境，严重影响竞争力，甚至导致生存危机。

华为的长期高级顾问吴春波曾评价"华为的人力资源变革都是围绕着价值链铁三角进行的，其目的无非就是减（人）、增（效）、涨（工资），为的是实现任正非'5个人的活由3个人干，发4个人的工资'的梦想"。要让"345薪酬"体系落地实施，从真正发挥效果的角度来说，就必须创造让合适的人充分施展才华、贡献价值的环境。否则，即便识别并激励了优秀人才，没有合适的舞台供其施展才华，3个优秀的人也无法创造5个人的价值。

律师行业的创收都是律师用时间与精力换来的，团队成员冗余必然引起人力成本的高涨。综合能力强的律师强势胜出，单一能力者逐渐被分流，如果不是背后有"金主"支撑，并不建议在初创型律所建立庞大而细分的中台或业务部门。创业之初需要人才，我们可以把有限的预算往核心人才方向倾斜。同时，我们要正视一个事实，即现阶段律所主任和合伙人在管理能力及领导力方面还处在初级阶段。因此，不能过分强调内部精细化管理，以下现象是我在走访过程中观察到的真实案例：

一个70人的律所，有4位行政人员、3位市场人员、2位知识管理人员、1位HR人员。

一个 8 个人的团队，有 2 位业务秘书。

一个初建律所一共 15 人，却分了 4 个部门，三级汇报关系……

以上现象近乎可笑，但却真实存在。有人的地方就有江湖，多一个人就会多一份管理成本。如果没有强有力的管理流程和制度，定会造成部门壁垒，增加沟通成本及运营成本。团队臃肿、职能部门庞大，会增加权益合伙人的创收压力，无形中就会导致业务团队与职能团队的矛盾。无论在律所发展的哪个阶段，这都不是一件让人愉快的事。

综上，"345 薪酬"模式是需要被律师行业记住并最终适用的薪酬管理模式，这一模式的核心是：给合适的人加大激励、薪酬向创造价值者倾斜、让律所或团队瘦身、保持团队成员的高速成长、优化流程设置、减少管理汇报层级、增加管理幅度，最终用提高人效的方法达到创收的飞跃。

如何为自己的律所或团队成员设计薪酬？在回答这个问题前，我们需要先厘清"薪酬"的概念。

由于目前行业中提成制运营模式占绝对规模，"提成制"和"绩点制"都不是薪酬的范畴，而应归属于"分配"。在适用主体上，我们应该称"合伙人薪酬分配制度"及"非合伙人薪酬制度"。

在企业人力资源管理中，薪酬分配制度是一个专有名词，宏观上指薪酬体系和薪酬管理制度，微观上由固定薪酬、绩效奖金、浮动奖金、长期激励、福利等组成。而"分配"，只是对薪酬体系的补充说明，特指"利润分配"。但律师行业薪酬的概念边界是相对模糊的，合伙人分红、非合伙人薪资、按绩点比例的积分、各种福利、案源介绍费等，都被纳入薪酬的范围。

以下的薪酬结构设计对象，仅指公司制律所和一体化团队的授薪人员。

定薪时需要考虑哪几个因素？

"徐律师，你说我给他多少钱好？"这是我经常遇到的提问。薪酬设计最关键的是确定薪酬水平，也就是薪酬策略的选择。如何给成员定薪，这是一个科学问题，也是一个心理学问题。实践中，如果合伙人将"定薪"作为自己在律所的"权力象征"，"薪酬策略"仅从如何实现

"控制权"出发，忽略律所战略和团队发展，那对组织将是毁灭性的打击。

近年来某些公司制律所发展日趋成熟，合伙人大多关注办案，对管理缺乏兴趣，就会给心思不纯的管理合伙人机会，让其从操控"薪酬"和"分配"上实现个人权力欲望，这就导致个体决策凸显、跨部门协调困难、整体责任划分不清等问题，致使律所官僚作风严重，影响长期发展。因此，无论是公司制律所还是一体化团队，在设计团队成员薪酬时，要结合发展阶段、发展战略、成功因素等客观原因，对关键序列、关键岗位、关键人才进行综合评价，在参考人效数据的基础上，做出有力的激励。

制定薪酬策略时需要考虑几个维度的因素：

1. 考量团队整体的创收情况及现有人力成本的给付能力

在确认团队成员薪酬标准前，需要综合衡量团队近三年的创收数据、人力成本支出数据以及人力成本增长与创收之间的增长比值数据。招几名授薪律师？每年能支付的人力成本是多少？与创收的配比如何（人效）？薪酬组成（固定薪酬、奖金、福利、长期激励）是什么？固浮比是如何设置的？一般律所的人力成本占总成本30%以下是合理的，但初创期的律师团队的人力成本可以控制在15%以内；成熟型的公司制律所或一体化团队，人力成本控制在20%以内为佳（净值人力资源成本，不含合伙人的分配），我们要确保利润率在50%～60%之间。例如：

（1）创收在100万元以内的独立律师在创收尚未有突破时，建议只招聘1名在校实习生作为助手，或与其他团队进行案件合作，把团队组建启动之前的人力成本控制在5%以内。

（2）如果需要组建3人以下的律师团队，创收目标要确定在人民币300万元左右，并将团队成员的年薪酬总额提高至人均人民币12～15万元之间，争取在短时间内迅速打造高协作力的团队，提高创收，从而降低人力成本比例。

（3）创收在人民币3000万元～5000万元的公司制律所或一体化团队，人力成本（不含合伙人分红）要控制在12%以内。需特别说明的是，此时，建议公司制律所或一体化团队要以净创收收入去衡量人力成本。

（4）中大型的公司制律所，要确保人力成本占律所总创收金额的30%以内，确保人效比在5左右。

以上数据是我在完成行业人力资源成本数据调查后的结果，但这仅仅是一个简易数据，相对乐观。实践中，大部分公司制律所和一体化团队的人力资源成本占比都比以上数据要高得多。原因在于存在严重的薪酬浪费，虽然支出了更多的成本，但是投入产出比及团队成员的薪酬感知并不明显。

"支付能力"也可以简单认定为创收能力，这是给非合伙人定薪的前提。合伙人们在作薪酬优化或调薪、定薪的时候，一定要先考量本律所或团队利润增长与薪酬增长的比值，只有当利润增长比例高于薪酬增长比例时，薪酬制度才是合理的，不然就会造成律所或团队的人力成本压力过大。不要盲目追求"金圈所""3万元俱乐部"的头衔，即便已经进入该圈的律所或团队，也要在高薪的基础上配套绩效考核等管理制度，提高人效比。

2. 考量当地平均薪酬水平与城市级别

"345薪酬"理论需要合伙人给团队成员支付比市场水平高的薪酬。因此市场平均薪酬、其他兄弟律所或团队的薪酬是定薪时的重要参考标准；不同地域、不同律所、不同团队之间的薪酬差异较大，即便是公司制律所统一的薪酬体系，也会因为不同业务板块有所差异，因此合伙人在定薪时只要考虑内部公平性和外部竞争性即可，不要过度攀比。

3. 考量团队成员年龄、学历、能力以及个人财富积累和收入能力的差异

律师行业是一个经验导向型行业，执业年限有时和年龄并非必然的正相关，学历与案件办理能力也是如此，因此团队定薪时不可"一刀切"。同时，还要为每年5%～15%的调薪让出空间。

4. 考量团队成员之间的薪酬阶梯

在"律师行业薪酬浪费的七宗罪"部分提到的薪酬保密制度，是针对一体化团队中有2个以上团队成员设置的薪酬有效工具，20人以上的公司制律所或一体化团队就可以参考宽带薪酬的方式。

定薪过程是一个薪酬策略的选择过程。合伙人要在定薪过程中综合考虑以上四大因素，以"人效"数据为基础，但要超越人效，追求人效的最优状态，达到最高激励。

薪酬结构应该由哪几部分组成？

没有完美的薪酬数字，但有完美的薪酬结构，如果我们能把薪酬结构设计好，如何定薪就只是一个数字游戏。一个合理且能够激励团队成员的薪酬结构应该满足这样一个公式：

薪酬＝固定工资＋绩效工资＋浮动奖金＋长期激励＋福利

1. 固定工资

固定工资是指每月发放的月薪，是写在《劳动合同》上的那个精准的数字，一般是社保缴纳和每年薪酬涨幅的基准数据。

固定工资不能低，低工资会造成高素质人才的流失。即使不流失，也会降低团队成员的满意度和敬业度，这必然导致生产效率低下，提高团队或律所的机会成本。关于低固定、高浮动薪酬结构对组织的危害，"律师行业薪酬浪费的七宗罪"部分已经阐释。

2. 绩效工资

绩效工资的作用是用激励方式控制和管理团队成员的工作过程，绩效薪酬的发放要配套考核机制，各律所或团队年底的绩效考核奖金就属于这部分内容。但光有年底绩效是不够的，有激励性的组织，还可以设置半年度绩效奖金或季度奖金。在实践中，这部分绩效工资也常被写成"提成"。对公司制律所或一体化团队而言，"提成"的说法即便是习惯性称呼，也会导致团队成员从心理上过度注重提成收入相关的工作而忽视团队整体绩效，急功近利，"只扫门前雪"。因此，如果设置绩效薪酬，就写"绩效"，不要出现"提成"字样。

3. 浮动奖金

该部分薪酬有目标导向的作用，相对于固定工资来说，是指具有风险性的报酬，绩效工资可以作为浮动奖金的一部分，但从薪酬结构的合理组成来看可以作出区分。这部分可以作为项目完成后的奖励，通常是非固定的和不可预知的，可以是不定期、不定式的物质奖励，也可以是精神奖励。实现形式和发放时间不同，是其与绩效工资的根本区别。

4. 长期激励

股权、分红就是长期激励的典型，年金也是。有律所设置"金色降落伞"保障退休或已故创始合伙人的权益，也是一种长期激励的薪酬方式，意在激励创始合伙人及核心团队成员，助其获得归属感和安全感。

5. 福利

福利包括法定福利和组织福利。福利是薪酬结构中不可缺少的一部分，也是在招聘活动中应聘者普遍关注的问题，福利的设置可以折射出律所品牌形象，优秀的福利制度对青年律师具有更高的吸引力。福利的发放要让团队成员有所感知，同时种类不能过多，频次不可过高，要有仪式感。关于福利的设置方法，我会在后续文章中分享。

　　李律师在组建团队之前，一直以师徒模式带着一位助理小王。四年来，经过不断奋斗，李律师从默默无闻的提成制独立律师拼到当地头部所的高级合伙人，创收也从百万级律师突变为千万级律师，团队壮大到6个人。在和师父并肩作战的过程中，助理小王也从青涩的应届毕业生成长为正式的执业律师，后来遇到良人，嫁为人妻、成为人母。由于人生角色的变化，生活压力陡增。她对薪酬的敏感度与需求度也在增加，曾几次试图提出希望加薪或者能给予更多福利，但感念师徒情分，几次止于唇齿。李律师因为业务繁忙，应酬增多，团队也有各种事务缠身，并未注意到小王律师的情绪。终于有一天，小王律师向李律师提出辞职，告知已经收到当地著名企业法务经理的入职 Offer，薪酬比现在高了30%，年底双薪打底，年终奖不封顶，有年度国际旅游，除五险一金外，还给买一份额外商业保险，重要的是她入职的这个岗位是法务部新成立的金融事业部，她可以根据自己的规划组建团队……看着爱徒充满歉意但坚定的眼神，李律师先是陷入困惑——"也不是没给钱啊，薪酬年年涨，比团队其他成员高了好几档。客户层面也都放心让她接触，大案名案也都会让她作为代理人，但为什么她就要离职呢？"然后情绪转为愤怒，一想到小王律师是拿到 Offer 才提出的辞职，更有被抛弃和戏弄的感觉。更糟糕的是，李律师看了一眼行程表，下周就有一个重要案子的二审开庭，当即还要出几份律师函，明天一早还有个采访……手头不仅有一堆的待办事宜，小王的离职还会导致团队出庭律师空缺，需要启动紧急招聘……本来李律师就患有失眠症，今天更是彻夜难眠。

李律师是我好友，我接到以上信息是在事情发生一周后。李律师希望我能为她找一位能够尽快顶替小王律师的候选人，薪资待遇可以和小王一样，甚至更高。听完李律师的口述，我并未安慰她，只向她要了团队目前剩下的 5 个人的名单和薪资表，约李律师 3 天后当面沟通。

美国心理学家费雷德里克·赫茨伯格（Frederick Herzberg）提出的双因素理论（亦称"激励保健理论"）认为，薪酬只是保健因素，它只能让团队成员不抱怨，但不会让成员产生满足感。那怎样才能让团队成员感到满足呢？是被授权、被信任和被尊重，以及和谐的团队文化、卓越的上级领导、优秀的团队成员、可预见的职业成长机会等。

李律师多年来忙于业务，却忽略了团队管理，虽然随着业务的增长也搭建了团队，但是真正花心血手把手教导的徒弟事实上只有小王律师。而我们不能否认，李律师教小王律师的初衷不是真正基于"人才培养"，而是创业初期需要助理一同打拼。至于后来招募和扩充的其他成员，更是因为团队业务发展需要而"招人干活"，大部分时候，新招聘的成员没有形成人才阶梯，构不成人力资源管理学上的"团队"和组织，只是凑在一起各忙各的，更多时候这些新成员向小王律师负责，很难真正得到李律师作为合伙人的直接指导。而小王律师作为野蛮生长的执业律师也缺少带领团队的经验和能力，一定也会与团队成员产生各种摩擦……在此过程中，小王律师一定是"一地鸡毛"，情绪状态很难达到最优。另一方面，虽然李律师每年都给小王律师涨工资，但却忽略了小王作为"人"的复合型需求。李祖滨老师在《聚焦于人：人力资源领先战略》一书中根据赫茨伯格的理论提出了"全面薪酬体系"的概念，特别强调了无论是"合伙人时代""人力资源时代""知识经济时代"还是"移动互联网时代"，都需要聚焦于"人"，需要共同指向并极力推崇"人"在这个时代所发挥的巨大作用及价值。李律师只是一味地给小王律师加工资、现金激励，但是忽略了小王律师在人生不同阶段和不同角色下的情感需求和个人价值追求。帕特里克·兰西奥尼在《优势：组织健康胜于一切》一书中也提到，用钱来解决本来应该通过改善管理解决的问题是对资源的真正浪费。薪酬不应成为用人、留人的唯一手段。

人是需要被肯定和重视的，被用的"人"是需要激励的，而激励并不是单一的。全面激励体系主张充分利用团队成员从团队中得到一切使他们能够获益的东西，满足团队成员多层次的需求，实现饱和激励。全面激励是指有竞争力的薪酬、有安全感的福利、有成长感的职业发展、有归属感的团队文化。

1. 有竞争力的薪酬

在"非合伙人的薪酬标准和薪酬结构设计"部分，我向大家介绍了"薪酬"和"分配"的差异，同时也介绍了完美的薪酬结构由哪几部分组成。薪酬包括基本工资、各类奖金、长期激励等，这些都属于现金型收入。薪酬作为最直接的经济收入，作用是保障团队成员的物质生活水平。高于市场平均水平的薪酬可以有效提升激励效果。

2. 有安全感的福利

福利是指团队成员所能享受到的工资之外的间接收入，在满足团队成员需求上发挥着提供"安全感"的作用。除法定的五险一金外，团队如另外增加差异化的福利项目，可以对稳定团队和激励团队成员起到积极的作用。

3. 有成长感的职业发展

所有有关激励的理论都强调个人成长对于团队成员的重要性。"晋升合伙人"几乎是每一位青年律师的"野心"。因此，律所要重视晋升通道的建立以及职业规划发展培训对团队成员的意义，以透明、公正、可期待的原则，开发并建立职业发展晋升体系。

4. 有归属感的团队文化

文化是组织独特的气质，是全员认可和遵循的组织价值观、行为规范以及与之相对应的制度载体的总和。好的团队文化不仅对团队成员有激励作用，同时对团队成员的行为也有导向和约束的作用。提升合伙人的领导力、确保组织健康，是打造一支高绩效、高产出的具有凝聚力的律师团队文化的前提与核心，任何人力资源管理方法和工具只有在卓越领导力与组织健康的环境中才能落地。

全面激励体系的各项因子是有先后顺序的。其中有竞争力的薪酬模式是所有激励的前提，当薪酬低于市场水平，其他的非物质激励就会因为缺乏土壤而导致效果大打折扣。只有薪酬具有竞争力后，福利、职业通道、企业文化才有价值和意义。猎聘网在 2021 年年底做了一次"应聘者想要什么"的调查（表 4-2）：

表 4-2　应聘者想要什么

我们想要的人想要什么？	
想要什么	调查比例
发展空间广阔	45.6%
人际关系简单	35.0%
周围都是"牛人"，每天都能学到新东西	34.4%
公司文化好、三观正，每天充满正能量	31.3%
薪酬福利优厚	29.3%

（续表）

我们想要的人想要什么？	
工作氛围宽松，能做自己想做的事	26.9%
公司前景好，今天或明天的"独角兽"	16.0%
工作环境舒适	13.8%
老板人格魅力爆表，工作能力令人膜拜	11.7%
公司品牌响当当	7.7%
钱多事少离家近	4.2%

数据来源：猎聘网

这份调查结果，与"全面激励"的理念不谋而合。目前各律所非合伙人的薪酬状况大致公开，毕业生就业和青年律师择业基本对目标律所的薪酬都有一定了解，虽然薪酬是他们最关注的部分，但职业发展空间、晋升制度、所在团队合伙人的品格声望，以及团队内部的工作氛围，都成为应聘者选择律所时的重要考虑因素。为了更好地吸引优秀人才，完善全面薪酬机制，我们具体可以做哪些事呢？

建立多样的发展通道和明确的晋升标准

大多数律师都对职业发展有清醒的认识，而且雄心勃勃。但目前各大律所由于利冲和业务规模的原因，晋升为合伙人的概率越来越低，因不能晋升为合伙人而离职的现象开始增多。

某华南律所的一位主任曾带着这样的一个真实案例来与我探讨解决方案：该律所破产板块的业务在疫情之后出现井喷现象，急需成立破产业务部门，需要一名管理合伙人。管委会首推业务能力最佳、创收最高的陈律师，但陈律师一无管理经验，二没领导意愿，被迫担任团队长后，短短3个月期间，3位骨干律师离职，其他团队成员工作成效不高，士气低落，律所错失了疫情之后极佳的业务发展机会。

这位主任在上海与我讨论了 4 天，这期间他又让破产团队负责人到上海加入了我们的人才盘点会议，最后我们决定挑选一位虽然业务能力不突出，但在处理人际关系及客户管理上表现优异的孙律师担任破产团队的管理合伙人，同时重新梳理破产团队职业通道和考评体系，在晋升通道和职位体系上分出业务和管理两个晋升系统，根据不同的工作分配机制重新定薪，并将该模式向全律所公示（如表 4-3），律所中所有认同该模式并愿意致力于破产业务的律师都可以参加内聘。6 个月后，该团队不仅拿下了当地一特大重整案，超额完成了第一年的创收任务，且由于合理的晋升渠道和薪酬设置，青年律师纷纷选择加入该团队。在创收达成时，该团队人数已达 12 人。

精准识别团队成员的能力、长处，建立不同的发展通道从而拓宽原本狭窄的晋升机会，激发团队成员的主动性和积极性，给予团队成员在职业发展上全面的信任，不做"囫囵考核"，是我们在应用全面薪酬激励时很重要的一个技术突破。

表 4-3　岗位职级职等表示例

职级	管理序列	业务序列	职能序列
5	管委会（主任）		
4	执委会（副主任）	高级合伙人	
3		二级合伙人/主办律师	部门负责人
2		律师助理	主管
1		案件秘书	专员

采用"721"的培养方式让团队成员快速成长

我在"律师团队培养的三大误区和应对策略"部分分析了目前律师行业在培训层面的误区以及律所在培训管理及体系建设层面要注意的事项，主要指宏观层面。在探讨在全面激励制度和管理手段下，对于个体的培训激励。华为用"721"原则培养团队成员，我们可以直接借鉴。

1. 70%的能力发展源于挑战性的经历和修炼

"要做个好的律师，在学校待一辈子都不如亲自去开3个庭"，我研究生毕业后想去读博深造，但被一位老律师"偏执"的说辞所阻碍，说这话的人就是已经执业41年的我父亲。话糙理不糙，律师是经验型岗位，我见过不少回国的法学博士，每次旁听他们的庭审我都捏着把汗。虽然他们法学功底深厚，日常文章撰写都是A刊水准，但开庭的表现捉襟见肘，很难把控庭审节奏，对法官的提问也总是选择性"回答"，面对客户时也总是把握不了客户心理，甚至出现为了证明一个法学观点不惜与客户"拍桌子"的现象。而这一切都是缺乏实战经验的表现。

卓越领导要将对"正确性"的执着调整成对"明确性"的坚持，给团队成员下达明确指令后让其亲身实践，并给予一定的犯错空间，预估试错成本。合伙人要给予团队成员独立开庭的机会、授权团队成员直接面对客户、参与现场沟通谈判、亲自与公检法人员沟通协调、全权负责团队内部基于职权范围的管理工作。培养值得培养的人，让被培养的人在实践中获得成长。

2. 20%的能力发展源于向他人学习

这是幼年时期获得知识的主要途径，随着年龄的增长比例降低。幼年时我们的模仿能力强，越长大，自我独特性越强，但仍会有被模仿者的印记，这就是为什么我们总能从徒弟身上看到带教律师的影子。合伙人们要尽心做一名好师父，不要把徒弟当作未来的竞争对手，也不要当作流水线上的工人，团队要定期开展内训活动，加强团队成员之间的互动与学习，在这个过程中教学相长。创新思维学之父爱德华·德·博诺曾（Edward de Bono）说："分享知识是一个知识增长的过程，不可能减少。"年轻律师们也要注意坚持长期主义精神，避免急功近利，如果团队成员只盯着报酬，缺乏"偷师学艺"的精神，把师父当"老板"看，把老板当"地主"看，肯定会有反作用力，让师徒关系渐行渐远，最终成为一叶孤舟上的独钓者，失去了一定的能力开发的机会。

3.10%的能力源于知识和技能的教育和培训

2020年新冠肺炎疫情以来，在线学习和网络授课成了学习的主流方式，团队成员的学习途径从线下转成了线上。虽然学习效率会打折扣，但是增加了随时学习的可能性，知识选择性更多，支付的学费相对于线下课程也少了许多，因此合伙人要鼓励团队成员根据自己的能力短板、缺陷或者团队业务的需求，多多报名参加网络课程的学习。

给予团队成员充分尊重

2019年7月，我的领导力导师——领越领导力研修大师级认证导师（Master Facilitator）、清华大学经济管理学院高管培训中心原常务副主任徐中先生在线对话企业文化理论之父、世界百位最具影响力的管理大师——现年93岁的埃德加·H.沙因教授。促成这场活动的契机，便是沙因教授父子共创的新书《谦逊领导力：关系、开放与信任的力量》，沙因教授在该书中对领导力重新进行了定义，他把领导力看作人际互动中通过学习、分享和指导共同创造的过程。组织基业长青的核心，就在于彼此间的关系是以社会化、情感性和合作性的整体的人性来互动的。沙因教授在书中提到了团队协作的四种关系：

（1）负一级关系：人们互相排斥，互相怨恨，互相欺压；

（2）一级关系：交易型的、官僚化的，"职业性"的关系；

（3）二级关系：把对方当作一个完整的人，尊重他；

（4）三级关系：亲密、依恋、友谊。

合伙人在团队管理中要努力把交易型的官僚化关系，变成把对方当作一个完整的、被尊重的人。大卫·梅斯特在《专业服务公司的管理》

一书中写道："专业人士的激励核心点是'被尊重'，他们喜欢为明确的目标而努力。因为他们需要通过别人的尊重和认可来获得对自己的尊重，所以专业人员不但重视工作的自主性，还渴望在项目或公司管理过程中参与决策制定。这些'奖励'本身有它的价值，但更重要的是，它代表了公司对专业人士的信任和尊重。"

我一直有这样的深刻认知，在本书中也多次提到：钱能解决的问题都不是问题，而最难解决的问题，都不是靠"钱"来解决的。我在小王律师离职一周后，与李律师见面，跟她说了以下这段话：

"高薪可以招聘和留住优秀人才，但仅靠'高薪'换不来团队成员对合伙人的尊重，当他们看在'钱'的份上不得不表现出对你的臣服时，他也可以因为'钱'臣服于他人。全面薪酬激励是一个理念而非工具，各种激励方式在对团队成员的激励过程中都发挥着不可替代的作用，四者相辅相成，缺一不可。物质激励与非物质激励要达到平衡，才可以真正做到持久地吸引和保留优秀人才。"

福利是指团队成员所能享受到的工资之外的间接收入。作为全面激励体系的一种，在满足团队成员基础需求和安全感上发挥着重要作用。目前行业中对于福利的设置有两个极端，一是除了工资就没任何福利；二是福利充裕，占人力总成本的40%以上。

参照企业利润的分配理论，工资收入是团队成员通过提供劳动为组织创造价值而获得的报酬，属于一次分配；福利属于组织让渡自己的经营利润对团队成员进行的激励，属于二次分配。福利的目的是为团队成员提供基本的生活和工作保障，提高安全感。在律师行业招聘实践中，一次分配也就是薪酬，会影响应聘者是否选择接受 Offer，虽然应聘者也会关心福利设置，但几乎没有人会因为某律所或团队没有交通补贴就放弃入职。因此，律所和律师团队只要管理好团队成员的薪酬收入，合理规划福利设置，就能做到对人才的有效吸引。但团队成员一旦入职，福利设置的科学性就会影响团队管理成效，无论是不给福利还是多给福利，事实上已经造成了合伙人在激励上的掣肘，并形成压力与负担。

不设置福利的律所或律师团队请参考本章节其他文章，丰富薪酬结构，本文仅针对设置高福利项目的情况进行探讨。

高薪为先，福利断后

不论是在创业时期还是守业时期，合伙人要首先保障对团队成员固定工资的激励，以此来提升吸引优秀成员的竞争力。合伙人不要指望在低薪的情况下，通过增加福利或提高浮动收入的比例来激励成员，这不仅不能解决激励问题，大量的福利项目还会侵占创收利润和薪酬资源空间，削弱团队可持续发展的能力，使团队的发展陷入恶性循环。福利起着保障安全感与提高幸福感的作用，福利的形式多种多样，不拘泥于现金和实物。对于卓越人才来说，最大的福利莫过于在健康的组织中与优秀的同事并肩作战。

高福利项目和额度会给团队发展带来很多弊端。首当其冲的就是律所经营成本上升而竞争力下降，过于优厚的福利是"大锅饭"的一种表现，反映了律所及合伙人对激励原理和本质认识不够清晰。任何组织中，薪酬的作用是激励，通过激励团队成员，从而促进组织效能。福利作为薪酬的组成部分，核心作用虽然也是激励，但更倾向于安全感的保障。律师行业目前常见的福利发放方式大致会产生以下几种负激励效果：

（1）由于没有做好宣贯，团队成员不知福利项的存在，因此没有体现激励作用。例如某律所在法定公积金外给团队成员购买一份补充公积金，但团队成员无人知晓，还在浏览工资单时对多支付的部分提出质疑。

（2）取消福利时引起团队震荡。福利的保障性特质具有刚性，即便这个福利项是团队成员多次吐槽的，但运行一段时间后取消，会降低成员满意度，破坏安全感，例如某律所因疫情影响要节省开支，决定取消每天下午人均 30 元的下午茶。通知公布时，律所引起一阵恐慌，甚至有人以此为由申请辞职。从心理学角度讲，大家吐槽的不是福利项的设置，而是福利呈现的内容。

（3）过高的福利设置会滋长团队成员懒惰和不进取的思想，失去忧患意识和上进心。例如律所在高薪外还为团队成员承担房租或直接安排宿舍，这些福利会滋长青年律师产生不劳而获的思想。

淡化福利，强化收入薪酬的公平性和竞争性，有利于提高团队成员的满意度。当然，淡化福利支出不是说不要福利，团队的福利应该更加聚焦保障团队成员的基本诉求。近几年，欧洲许多经济实力不强却推行高福利的国家出现了社会和经济发展危机，高财政负担、高失业率等现象都印证了上述观点。律所是商业性组织，不能打着人道主义和"家"文化的幌子，将组织变成"养老院""幼儿园"，不能让团队成员染上"福利病"。

在保证法定福利之外，增加少而精的自主福利

律所和律师之间是劳动关系，因此保证法定福利是福利设置的基本要求和底线。我非常反对法定福利由个人承担的做法，这不仅违反劳动法的相关规定，也违背了"345 薪酬"体系中高薪吸纳优秀人员的管理理念。如果确实有现实的经济及创收困难，合伙人可以在法定福利缴纳基数上，根据创收情况及团队成员意愿灵活处理。

在华为，福利也主要是以货币形式支付。例如，每个月根据工作地域的不同，给团队成员的工资卡中打一笔钱，团队成员可以用这笔钱购买班车票、在食堂就餐、在公司的小卖部购物，但不得取现，这是智慧的做法。华为用"现金券"的福利发放方式，意在增加员工在福利选择中的自主性，是真正从"员工出发"。律师行业目前的管理发展阶段尚无法采用这种"现金券"的形式，但华为在福利设置中的理念可以借鉴，即增加团队成员对于福利的自主性。律所或律师团队，可以考虑根据创收能力设置少而精的自主福利，例如重疾商业保险、年度健康体检、餐补（现金形式）、交通补贴（现金形式）、团队运动时间（或健身卡）、生日会等。

严格区别"福利"和"奖励"

福利具有普惠性，要一视同仁。分职级、岗位给付或有条件给付的，不是"福利"，是"奖励"，奖励需要有贡献对价。例如，每人每月人民币 200 元的体育经费，是福利；由律所出资让某位合伙人参加EMBA 的课程，就是奖励。所以福利发放频次不能过高，不然就会造成组织的人力成本畸高，且达不到激励效果。因此，想用增加高额福利的方法达到保留人才的目的，是不明智的选择。

福利的设置要让团队成员感到"暖心"

无论是有针对性地为团队成员提供安全感，还是为团队成员的工作和生活保驾护航，都需要真正从团队成员的视角出发，关注他们所想所需，力所能及、有针对性地解决团队成员所虑所忧。例如，2022 年 4 月上海新冠肺炎疫情突发时，不少律所纷纷组织"发菜"，这一话题席卷了朋友圈，这个福利正是应了"锦上添花不如雪中送炭"这句话，也切中了团队成员的需求。陈少文老师在《心能转境》一书中写道，"团队成员不要把最熟悉的当作自己最擅长的，老板不要把最期望的当作团队成员最想要的。"在设置福利的时候，合伙人及人力行政部门要多与团队成员沟通，增加团队成员对于福利项设置的参与度。如果团队成员不清楚福利设置的初衷，感知体验较差或没有感知，将导致团队成员对福利不甚关心或者恶意解读，这不仅不能起到激励作用，还会使福利的投资回报率大打折扣。这里要特别提醒的是，在网购如此发达的今天，物质福利的金额要尽量高于团队成员的预期，尽量不要出现某节日明码标价发放了一项福利，但小伙伴在某购物平台一对比发现事实并不如此的情况，那就尴尬了。在实践中，我自己团队的福利项及福利内容是由团队成员自行决定的。

福利并不是薪酬板块的重点，但却是目前行业中重要的激励手段之一，在实践上中有很多需要注意的细节，重点如下：

（1）在以高薪为前提的薪酬结构下，再考虑福利的配置，不可本末倒置。同时，福利具有普适性，不可在福利支付中再让团队成员为此支付"对价"。

（2）福利是薪酬之外的收入补充，不可将福利纳入薪酬总额。例如，合同约定月薪为6000元，餐补200元、交通补贴200元，则该成员月收入的现金总额是6400元，这一点需要在招聘工作中予以明确。

（3）为增加仪式感，可以用实体现金方式呈现，特殊纪念日或重大事件可以采购特殊意义的礼物。

（4）福利设置要以满足工作需求与团队成员基本生活保障为前提，忌平均主义，避免追求全而美，要大胆削减名目繁多却费力不讨好的福利项目。

（5）要重视福利项目的宣贯，强化团队成员的体验感和感知，例如福利设置前做个调研，设置后和团队成员及时同步，定期调整。

第五章

三大实用工具
赋能律师团队

律师团队高效会议
的五项规则

前文提到律所主任或合伙人容易混淆培训与会议的功能，"不会开会""会议乱炖"现象也屡见于日常管理中。从 2019 年至今，我已经陆续完成了近二十个律师团队的"克服团队协作的五种障碍工作坊"项目，也收集了近二十个律师团队的《团队协作情况测评问卷》，惊讶地发现每一个团队在"会议"项的得分都是最低的（如表 5-1）。

表 5-1　《团队协作情况测评问卷》某团队得分（每项总分 5 分）

观察到的行为	平均分	基础
团队开会时，会议积极有趣，引人入胜（不沉闷、不乏味）	2.7	冲突
当争议出现时，团队不会绕开，而是处理这个争议，然后再进入下一个议题	2.8	冲突

为此我专门逐一走访了这些团队，并至少列席旁听了一场团队会议，发现"不会开会"确实是律师管理能力欠缺的一个直接反映，是一个普遍现象。再反观自己，这么多年无论是在带领团队过程中踩的"坑"，还是学习做一个优秀管理者和领导者时交的"学费"，似乎也都跟"组织团队会议"有关。

会议之所以在组织建设中如此重要，是因为会议是组织进行讨论、达成决议并传递信息的唯一方式。没有什么行动、活动或程序会比会议更关键。好的会议是提升组织清晰度、团队凝聚力的源泉，糟糕的会议是培养不健康组织的温床。衡量一个组织是否健康的最直接试金石就是看这个组织会不会"开会"，会不会"开好会"。

为什么大家都讨厌开会？

大多数人合伙人和律师都讨厌开会，因为我们日常的会议往往是糟糕的、无聊的、浪费时间的，有时甚至是令人沮丧的。就如我在"律师团队培养的三大误区和应对策略"部分提到的一些现象，合伙人们会混淆会议功能和培训功能，有时又没有议题，无限延长会议时间，等等。在列席会议时，常见会遇到如下几种糟糕的类型：

（1）"点状"型：会议类型频繁，各种会议"猖獗"，周一例会、周五汇报会、案件讨论会、评优会、管委会会议、合伙人会议、权益合伙人会议、访谈会、务虚会等。

（2）"拉锯战"型：会议时间过长，例会4个小时起步或3天打底。

（3）"碰碰车"型：负责人不愿意作决策，提倡"民主自治"，提案议而不决、决而不定、定而不行。

（4）"夜总会"型：会议放在23点以后进行，或者占用公休日。

（5）"信息对标"型：团队所有人都参会，轮流汇报当期的工作情况，"流水账"式发言，没有反馈、没有互动。

（6）"乡村俱乐部"型：没有会议主题，务虚为主，谈到哪儿算哪儿，想到哪儿是哪儿，会议时间无限延长。

以上会议类型我们日常都在经历的。但一个奇怪的现象是，没有人试图去改变它，大多数律师或团队成员们虽然私下里怨声载道，但都保持沉默，宁可饱受煎熬也会参会并坚持到最后，除了职业安全感作祟外，大多数时候是因为大家都不知道哪种方式才可以提高会议效率。我曾两度认证了TTAF国际会议引导师，这个资格认证的实操意义带给我的变化是巨大的，它只解决一件事，就是如何让会议有趣、高效、不沉闷。通过会议效果的改变，也让我清楚地认识到，没有什么变化比会议方式的改变更能从根本上影响组织。

律师团队如何开会更合适？

1. 非必要，会议中不使用PPT

除非演示重要内容，我不会要求团队成员在日常会议中使用PPT进行工作汇报。如确实需要演示内容，直接投屏。很多律所或律师团队的月度述职需要团队成员制作PPT，我经常看到朋友圈有团队秀出考核中各位团队成员西装革履对着PPT侃侃而谈的照片，从仪式感上是非常好的。但将其作为日常性工作，会占用团队成员的很多有效时间。我只要求团队在年度述职或晋升宣讲中使用PPT。罗伯特·加斯金斯（Robert Gaskins）开发PPT的初衷是为了在商业上对某项提议或方案进行可视化展示，也就是销售和宣传。无论PPT的功能如何演变，它也应该仅是对思考成熟的长篇内容的简单总结。工具的滥用也会造成"会议乱炖"。2012年我在IBM中国参观时发现，IBM的团队日常会议直接投屏EX-CEL表来说明情况，直观、简单、清晰。

2. 级别越高的会议，召开的频率越低

管委会会议或合伙人会议等涉及战略方向的会议，召开频次应以季度计量，将重点放在会议效能和明确决策上。职级越高的人开会的频次要越少。如果合伙人层面的会议是按照周会形式进行的，那将大大削弱领导层的决策地位并占用过多时间，这种情况可能也源于组织架构的不清晰及领导者缺少决策力。如果日常琐碎的事情都需要最高层决策决议，说明中后台的岗位及常务部门的功能是缺失的。层级比较低的人员召开会议的频率可以是每天或每周，会议时间不用太长，会议目的是更好地对齐目标，以便快速执行。

3. 采用"DIA"模型开会，明确会议重点

我一直采用"DIA"模型主持团队会议。D（direction）指代目标和方向；I（information）指代信息；A（action）说明行动和需要的协助。这个模型的前提，是我要求团队撰写周报和月报同步日常工作信息。因此只要开会，我们只谈"DIA"模型（表5-2）下的内容，确保会议效率：今天上会讨论或发言的目的是什么？为了达到我的目的和方向，我还需要哪些信息？我的行动目标以及我需要怎样的协同和指导？

表 5-2　DIA 模型

D	direction	我今天上会讨论这件事的目的是什么
I	information	为了达到我的目的我有什么需要和团队成员同步的信息或者我需要获得的信息？
A	action	我的行动目标以及我需要团队成员或合伙人给我什么样的协同和指导

我会及时打断没有按照这个模型进行会议发言的团队成员，例如：某出庭律师在周会上说"我周三上午在浦东知产庭有××案件的开庭"，这句话表达的是"I"，按照要求应该已经列在周报中，会议无需重复，如遇这样的情况，我会直接询问是否已体现在周报中，如果他说"是，已经列明在周报中"，我会问他"那你需要什么帮助"，并继续让他阐述需要协助的内容。如果他只同步这一个信息，我会强调"DIA"的原则，并终止他继续发言。这是一个规则遵守的过程，第一次参会的团队成员可能会感到不适，但是当所有人都遵守这个原则时，契约精神就悄然存在了，大家都会自发地按照这个规则持续进行。再回到上述例子，这位律师在会上的有效表达应该说："我周三上午在浦东知产庭有××案件的开庭，目前庭审预案中有一个××证据的问题我还存疑，想在今天下午四点以后与徐律师探讨可能性。另外，周三我想请实习生李同学跟我一同前往，检索部分是他完成的，我相信他可以协助到我。"也有

人会问，那他如果没有任何需要协同和同步的信息和工作，他在会上该做什么？他只需要倾听并在会议结束时表达明确的意见，并及时把有效信息传达给他的下属成员。

4. 仅让有发言权与决策权的人参会

但凡不能在会议上作决策或发表意见的人员，都不应该列席会议或旁听。我们可以回忆一下，现实中，大部分参会成员都会带笔记本电脑列席会议，他们带电脑并不是为了在会议上发言或做笔记，而是为了不耽误手头的工作。虽然合伙人的初衷是希望所有人都能从会议中获得有效信息——"就当培训了"，但事实上我们的非合伙人不仅不"领情"，还往往将开会当作负担。这并不能责怪我们的非合伙人，因为是合伙人打扰他们的工作在先。

5. 明确会议类别，制定会议规则

我会把所有的团队会议都设置清晰的类别及明确会议时长，如表5-3：

表5-3　会议类别

会议名称	召开时间	会议时长	参与人员	会议内容
周例会	每周一上午9：45	20分钟	团队正式成员	同步本周重点协同工作
月例会	每月最后一个周四	1.5～2小时	正式成员＋实习生	月度总结、下月计划
案件讨论会	不定时	不超过1小时	案件承办人员	案件疑难点讨论

确定会议规则（如表5-4），例如：沉默表示不同意，2～3个回合作出决定，不允许提前离场，等等。

表5-4　互联网法律服务团队诉讼组会议规则

序号	会议规则
1	有问题或反对意见，当面提

（续表）

序号	会议规则
2	提出不同意见前，先准备相关理由和依据
3	组内沟通以讨论形式为主，各方充分发表意见后由组长决定
4	控制情绪、对事不对人，人为制造冷静期
5	不说话视为反对，需说明反对的理由
6	不打断对方发言
7	议而有决，拒绝搁置

　　会议规则是由团队共创并承诺完成的，因此在会议过程中所有人都会遵守。在规定的时间内，每位发言者都严格遵守会议内容的要求，不作任何扩散和延展，如果其中有问题需要进一步论证和探讨，会另外启动一个会议，比如"案件讨论会"。我要求所有团队成员做到对该会议功能的绝对尊重。高效会议是天同互联网法律服务团队能常年保持高战斗力的一个重要因素。

　　团队会议的成功与否，直接关系到团队决策效率和组织能效，会影响团队士气，最终影响创收。天同互联网法律服务团队的成员都很享受会议，因为在会议上他们能真正完成实质性工作。中国台湾地区 TTAF 引导技术研究院院长巫芳羽女士曾说："任何一场不能让所有与会人员高度参与的会议，都是在浪费生命。"

六种有效的会议

　　帕特里克·兰西奥尼在《优势：组织健康胜于一切》一书中提到了六种有效的会议类型及开会方法，逻辑简单，落地实操性强，多年来我本人及团队都受益于此。六种有效会议是指：

　　（1）闪电会，时长：3～5分钟

　　（2）日对标会，时长：10分钟内

　　（3）周战术会，时长：30～45分钟

（4）月总结会，时长：60 分钟内

（5）专题会议，时长：2～4 个小时，不超过 4 小时

（6）季度外出战略会，时长：1～2 天

闪电会（3～5 分钟）

顾名思义，闪电会速度要快、幅度要宽，一般时长不超过 5 分钟，用于团队成员每天一早的信息对标。闪电会的作用是让大家互通一天中最重要的工作，并同步进程。例如，"今天上午××案件开庭，我下午进办公室""今天×××案件在长宁公证处公证，要一天时间""今天××案件补充代理词需要寄给法院，DDL 是下午 4 点"，等等。这个会议没有议程，也不解决问题，只交换信息，速度非常快，是唯一一个只分享 I（information）的会议。天同互联网法律服务团队由律师和程序员两类不同行业特性的成员组合而成，每日 5 分钟的闪电会可以快速对标相互工作，保持两波人的工作节奏在一条水平线上。但这个会议不适合团队成员分布在异地的状态，线上开闪电会会增加团队成员的压力，也起不到会议应有的作用。疫情居家隔离期间或大部分团队成员出差期间，这个会议会被取消，或只在团队成员聚齐的小组中进行。

日对标会（10 分钟内）

这个会议在互联网法律服务团队是不开的。

日对标会要根据团队业务性质进行选择，其最大作用是让合伙人能够在 24 小时内快速解决一些突发的"小问题"。很多时候，"小问题"可能会因为延迟解决而恶化，从而给团队带来不必要的麻烦。日对标会适合团队成员分布在异地的组织，例如某公司制律所的主任团成员分布在各个城市，管委会办公室或相关常务机构可以每日解决一些花几分钟就能确认的快速信息，而不是让各地职能人员通过循环往复的邮件、微信语音、专题电话会等进行确认。比如，在因疫情封控期间，律所要讨

论是否为已封控的分所准备保供菜事宜，就可以通过日对标会在 10 分钟之内决定和处理，如果此事由各地行政主管自下而上汇报、审批、执行，效率非常低。有时候一个问题达成共识并解决，也许只需要大家在一起沟通 30 秒。

我们必须承认人性的弱点，就是人们更关注自己。因此，我并不建议团队成员在微信群里写类似于每日工作汇报的东西，当然我在职业初期，也犯过类似的错误。正如"律所的组织健康胜于一切"部分所述，团队会议的功能是为了决策，决策需要询问和陈述。因此，任何没有互动的会议，都是无效的，也不能被称为"会议"。每日微信群的日志没有互动，只是机械地信息汇总，很容易变成"流水账"，只涉及"I"（信息），而不涉及"D"（目标方向）和"A"（协同与行动）。

闪电会和日对标会的习惯养成和适应可能需要几周或一个月，团队可以根据情况择一进行。习惯一旦养成，合伙人们就会发现他们与团队成员之间建立起了更强有力的联系，而且建立联系的速度超乎想象。当合伙人能快速处理好小问题，那么他们将在其他三种会议类型上，将注意力集中在更重要的问题上。

会议是最重要甚至唯一的团队决策方式，而"在一起"又是能正常开会的前提。因此，如果某一位或多位团队成员经常以各种理由拒绝参会，哪怕是时间非常短的闪电会或日对标会，那请合伙人在重新考虑会议形式和必要性之外，还需要重点考量这位团队成员的去留问题。

周战术会（30～45 分钟）

如果一个律师团队在使用 OKR 等目标对齐工具，那么没有比团队的每周战术会更让这样的工具增值的活动了。在天同互联网法律服务团队，每周一上午的战术会就是各类会议中效率最高、效能转换最快的会议。团队可以根据不同的业务模式和需要，将会议放在周期内的任何时间段召开，会议时长取决于团队成员的数量及召开的频次，可以是单周会议，也可以是双周会议，但整体会议时间控制在 45 分钟之内，用于聚焦本周内的工作事项。

这里需要注意的是，"会议乱炖"现象也往往出现在每周战术会中。如果每周战术会没有起到应有效果，就几乎没有建立有凝聚力的团队或健康组织的机会。因此，要让每周战术会发挥真正的作用，有一个关键点是让每个人每次都参加，并且会议的运行需要有纪律上和结构上的一贯性，要有会议议程并进行重点排序，即会议组织者要让团队成员每人列出 1～3 个待解决事项，然后统一排序，逐个解决。

每周战术会中，有两个高于一切的目标：解决问题和加强信息透明度。任何会议都应该是为了解决问题而开的，而解决问题的前提是有议题和需要解决的事项，障碍必须被识别和消除，每个人都要享有共同的信息。例如，在互联网法律服务团队的每周战术会上，会出现这样的情景：某团队成员在同步本周重点工作和需要完成的案件节点时，会被合伙人及时反馈"由于客户需求的另行增加，这件事在本周内可以暂缓，本周需要重点完成另一案件的相关工作"，等等。信息共享带来的明确性非常重要，非常微小的细节的沟通，可以直接调整团队协同出现的时间差，真正做到对齐目标，一致行动。

在每周战术会上，很多管理团队面临的挑战是：有团队成员提出一个本来不应该在这个会上讨论的、有吸引力的、重要的话题时，会议就会跑题或者延长时间。例如有位团队成员突然告知合伙人"刚收到客户来电，可能存在新委托的案件，标的额很大，需要沟通"，没有什么比新增委托案更让律师们兴奋的了。但这个话题不属于每周战术会讨论的内容，如果合伙人或团队成员没有意识到这个问题，战术会就会受到干扰。而事实上这样的情境在我们的日常会议中屡次出现，也是造成会议无限延长的重要因素。我作为会议主持人，每次遇到这样的情况，都会及时打断发言人就该"重要事项"的讨论，并直接告知我们将选择第四种会议——专题会议进行讨论。随着不断地刻意练习，天同互联网法律服务团队的成员都已经有了这样的意识，他们能做到在提出需要进一步讨论的话题之后立即申请专题会议的时间，这是非常重要的一种能力。很遗憾的是，我们律师行业中大部分合伙人或者会议主持人很难做到这一点，他们甚至错误地认为大家的时间都很宝贵，因此要把所有的讨论都压缩到一次会议上，从而减少开会的频次。但这样做的后果只会让会议变得无效。因此，不要试图通过整合会议类型、缩短会议时间来减少或消除花在会议上的投入，反而需要勇敢地面对并解决这些年来糟糕的会议，确保召开的所有会议都有效。当会议具有明确性和针对性的时候，参加会议的人员才会期待和享受会议。

月总结会（60分钟内）

月总结会应该是律所或律师团队最熟悉的会议形式了，大多数律所或律师团队因为组织架构及工作时间，很难定期召开闪电会、日对标会或每周战术会等，但基本能开月总结会。在现实工作中，非合伙人层面的月度会议执行相对顺畅，天同互联网法律服务团队就是将团队月度OKR的评价放在该项会议中进行，该会议的组织形式和纪律要求都可以参考周战术会。

现实中，律所管委会或全体合伙人层面的月度会议开展率不高，这和律所运营模式以及律师的工作习惯有关。提成制律所开月总结会的必要性几乎为零，但公司制律所召开月度合伙人会议的也并不常见。如果一个中层领导团队一个多月都不召开一次战略会议，组织就一定会出问题。

不论哪个管理层级，如果不召开每周战术会，月总结会的召开就非常重要。月总结会的有效召开，可以要求参会人提前准备好话题，确保参会人提前知道会议要讨论的议题，让大家都能自愿参加原汁原味的、富有成效的理念争论。定期召开合伙人月总结会还有一个特殊作用，可以起到及时"存放"的效果，让合伙人们看到周战术会、专题会议或者管委会决议上一些代办议题的进展。优秀的律所会带着专注和紧迫感集中在这些议题周围，让他们能够战胜那些深受糟糕会议之苦，或者等到危机全面爆发后才开始讨论重要议题的竞争对手。律所很少作战略规划，月总结会的最后一个好处是可以让律所管理层通过每月解决一些战略问题而达到年度战略规划的不断修正和厘清，弥补没有作年度战略规划的失误。

专题会议（2～4个小时）

无论会不会"开会"，律师们最喜欢的应该就是专题会议，因为足够有趣且新颖，更重要的是参会人员都能在会议中找到存在感。我们常见的是案例讨论会，参会人会在会议上探讨案件难题、诉讼策略、某一司法解释的评注或一个委托案件的报价等。如果我们能在其他会议上将律所战略、人事决策、财务制度等非业务相关专题识别出来，然后放到单独的专题会议中进行讨论，我们的管理能力势必增强。

专题会议的目的是深入研究其他会议中无法按时讨论或解决的话题。但需要合伙人或会议主持人能够精准识别那些稀有的、值得立即关注且需要花时间讨论的话题，这非常具有挑战性。有合伙人在跟我探讨这个问题时开玩笑说："是不是有法官经历的律师更适合做这样的识别和争议焦点的归纳？"答案自然是否定的。首先，每个人都有自己的社会角色，而社会角色需要基于社会环境，法官辞职转行做律师后，他仍旧会在案件办理中保持法官思维，这种思维将非常有利于案件分析和诉讼策略制定，这就传承了他在法律业务上的社会角色。但是会议主持人或领导者、管理者，是另外一个领域的学科，需要及时转变角色定位，从而融入这个角色对他的岗位要求。我有一位受训者（Coachee）是某头部所的分所主任，他在管理过程中总会带入自己大律师的身份，用诉讼律师的思维模式管理团队，对团队成员经常出现"习惯性否定"和"对抗""挑刺"的表现，这就使得他的团队成员很少被激励，总是处在精神高压下。沃伦·本尼斯在《领导的艺术与冒险：失败、复原力和成功》一书中提到："领导力是一种自我意识，是一生的修炼。"因此无论成为律所领导者，还是做一名合格的会议主持人，都是需要刻意练习的。

如果合伙人或会议主持人可以在其他类型的会议中精准识别"专题话题"，就可以把这个话题暂时放在"停车场"。打个比方，想象每次例行会议就像在高速上行驶的汽车，当发现仪表异常时行车人需要修正或调整，就应该去服务区停车场一样，"专题话题"就是这辆需要去停车场维修的汽车。

开专题会议，需要注意几个关键点：

（1）讨论的议题是无法在其他几个类型会议时间范围内迅速得出结论的、需要参会人员充分讨论和在会前进行准备的话题；

（2）讨论议题数量1~2个，有且仅有议题相关人员参加；

（3）获得结果。

能在专题会议上讨论的议题必须是例会无法解决的重要议题。所谓"重要"，需要从战略高度和业务角度去识别，不然专题会议就变成了变相的"例会拖沓"。

季度外出战略会（1~2天）

"外出会议"早已在律师行业里赢得了"浪费时间""华而不实"的坏名声。确实，如果我被告知要开一个长达3天的合伙人会议，我也会像所有人一样骂骂咧咧。这对于一个研究律师行业人力资源管理的人来说真是异常的悲哀，因为我也会认为这是一件让我牺牲时间、金钱和信息的非常没有意义的活动。但季度战略会是帕特里克·兰西奥尼在《优势：组织健康胜于一切》和《该死的会议：如何开会更高效》两本书中非常推崇的会议类型，也是市面上各大关于"会议如何召开更有效"的书籍中着重列出的会议项目，这些书籍基本的观点是：召开季度战略会没有商量余地。与每周一次的战术会以及出现问题才召开的专题会议不一样，季度战略会应该是每季度一次，雷打不动。我曾一度为此陷入困惑，并多次尝试外出季度会议的操作，尽可能让会议的形式多样化从而贴近管理大师们的研究成果。但后来我发现，确实不是季度战略会本身的问题，原因在于我们律师行业的业务特性，特别是诉讼领域，很难直接以"季度"为节点进行工作的规划和划分。季度战略会本身并没有好坏之分，只有是否适合。因此关于季度会议，我仅用我的实操经验给大家分享一下。

天同互联网法律服务团队是一个典型的诉讼法律服务团队，我们无法自行在一个日历季度中划分工作或案件，因此我们保持高效的每周战术会和月总结会。同时考虑到团队成员日常的高强度工作，我与合伙人商议后决定，以每个季度为单位，与团队成员进行一次团队拓展活动，活动的大部分的时间用于完成克服团队协作的五种障碍工作坊中的部分或全部练习。我们会找一个离上海200～300公里左右的风景秀丽的地方，给团队成员提供一个真正在一起的时间。让他们从占据脑海的每日、每周甚至每月的案件和业务中抽身出来，从更完整、更长远的角度总结自己的成长和团队的发展。在这段时间里，我也会和邹晓晨律师抽半天的时间单独评估本周期内团队的行为，鉴别不利于团队发展的趋势或倾向，让所有人能够在更私人的层面上互动，重新认识所有人对这个团队的共同义务。有条件的时候，我们会邀请一位外部人员跟随我们外出，聘用这样一个角色的目的是，让我和合伙人邹晓晨律师能够全身心参与团队的讨论而不必费心扮演一个更加客观的支持者的角色。毕竟我也是天同互联网法律服务团队中的一员，在季度战略会中不需要我再扮演教练型领导，我只要做一件事情就好——真正和团队成员在一起。

每当我介绍完以上六种会议类型，律师们觉得会议时间太多，包括天同互联网法律服务团队的成员们。这时候，我会让大家以最耗时的方式计算一下一个月全部的参会时间：每天 5 分钟闪电会，每周 20 分钟战术会，每周 3 小时专题会议，每月 1.5 小时总结会，每季度 2 天外出战略会，合计时间是 1230 分钟/月，或者说 20.5 小时/月。而我们律师的工作时间每周是 55 小时左右，因此以上所有会议的时间只占我们工作时间的 9.3%，这意味着我们每次会议后还有 90% 以上的时间可以做其他的事情。大家觉得浪费时间的并不是会议本身占用的时间，而是会议的效果与效能能否解决团队的实际问题。

团队管理者对于下属及团队而言，最重要的活动就是"会议"，如果合伙人能召开合适而高效的会议，而且能解决会议的问题并对所有人负责的话，会议之外的事情就会少很多，因为合伙人每天花的时间和精力，很多都用于他们原本应该在会议上解决的问题。不论是业务还是管理，如果所有会议都是成功的，团队成员就很难找到减少会议时间或不开会的可靠理由。行动起来吧，让我们一起好好开会！

用好 Everything DiSC 性格测评来管理律师团队

人们常说"性格决定命运"，性格到底是什么呢？它在律所及团队管理和发展上起着怎样的作用呢？NASA原天体物理学部主任查理·佩勒林（Charles Pellerin）曾说："从某种意义上讲，性格就像一种大脑中预设的程序，它决定了我们获取信息和作出决策的倾向性。"

作为律师行业的人力资源管理研究人员，无论是在招聘选人还是在留用培训上，性格分析一直是我非常关注的一环。沃伦·本尼斯在《成为领导者》一书中专门用一章论述"认识自我"，书中写道，"认识自我意味着要把'你是怎么样的人？''你想成为什么样的人？''他人希望你成为什么样的人'区分开来。"因此，为了能更好地支撑我在律师行业实践领先人力资源管理理念，多年来我运用了美国威利公司旗下的"Everything DiSC"性格测评工具，帮助了非常多的律所及律师团队。我曾面对面为超过千名的律师做了该测评，并让他们分组讨论和展示，直观感受Everything DiSC性格测评的科学性、穿透力和预见性，同时我也见证了测评结果让很多人认清自我和他人，改善了团队关系，改变了不良行为习惯的结果。

Everything DiSC性格测评工具是美国威利公司长达五十多年的研发成果。作为目前市面上先进的自适应测评，测评者可以获得极其个性化的分析结果，从而更好地了解自己、发展他人，让工作的协同与互动更有成效。

DiSC 是一种人类行为的语言，是一种性格倾向。当你不注意的时候，你惯用的行为模式便会悄悄外露，不管你是否有所察觉，它都直接影响你和旁人的互动关系。Everything DiSC 的报告采用圆形图划分 4 个象限及 12 个类别（图 5-1），分别表示为：D：Dominance 掌控型、I：Influence 影响型、S：Steadiness 沉稳型、C：Compliance 严谨型四个模块。每个类型内又有三个小类型区分，分别为 D、DI、DC、I、ID、IS、S、SI、SC、C、CS、CD（表 5-5）。

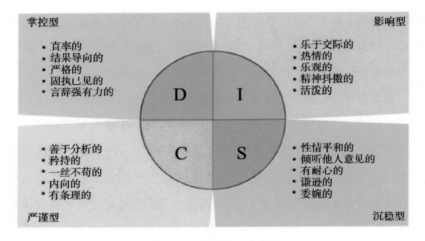

图 5-1　DiSC 的四个象限

表 5-5　DiSC 的 12 个类别

D	该类型的人是直接的和意志坚强的。他们会直言不讳地提出意见以及有力地推动事情达成结果。他们倾向于挑战他人，不拐弯抹角浪费时间。
DI	该类型的人充满冒险精神。对他们来说快速行动及达成他们想要的结果是很重要的，他们的自信与果断也让他们充满魅力。
DC	该类型的人对人或事往往持质疑的态度。他们的耐心不是很多，对于无能或者不合理的人会毫不畏惧地进行挑战和批评。

（续表）

I	该类型的人外向和热情。他们的生命状态是一种能量的外在展示，喜欢参加聚会，他们往往很健谈，喜欢结识新朋友，不介意表现出自己的情绪。
ID	该类型的人充满魅力。他们描述自己是冒险者和行动的中心。他们不怕开始改变，经常有创业精神。
IS	该类型的人非常开朗。他们往往是非常信任别人，会很快地对他人表示同情。
S	该类型的人温柔、乐于助人。对别人的错误很有耐心，非常体谅周围人的感受。他们往往是温文尔雅的，别人的需要高于自己。
SI	该类型的人非常热心，他们常常被描述为容易接纳别人的和随和的。
SC	该类型的人喜欢反思。他们安静、温和。因为他们喜欢稳定他们的世界。
C	该类型的人是善于分析的和内向的。他们用逻辑及系统化的方法工作，对自己的精准性引以为豪。他们避免向外界展示过多的情感和而且他们不介意单独工作。
CS	该类型的人轻声细语。他们会花更多的时间听别人说话。他们通常采取谨慎，循序渐进的方法，稳定对他们来说很重要。
CD	该类型的人往往持怀疑态度。他们对自己强烈的批判性思维引以为豪，他们经常对自己和他人高标准要求。

原文位于Everything DiSC Manual，第103页。

Everything DiSC 工具的理论源自心理学家、发明家威廉·莫尔顿·马斯顿（William Moulton Marston）的《常人之情绪：DISC 理论原型》一书，1970 年全球首份 DiSC 测评诞生，共24道纸质版测试题，适用自行填表计算得分作出评价，报告呈现折线图；1994 年美国威利公司的心理学家与程序开发人员对测评进行了突破性革新，28 道题的 DiSC Classic 诞生；2000 年圆形图模型报告问世，Classic 版本开始开发不同应用，线上测评版问世；2003 年电子信息交付系统 EPIC 系统上线，升级为 Classic2.0 版本；2007 年 Everything DiSC 正式发布，题库79 道题，增加《李克特5点量表》；2012 年自适应测试系统上线，测评再无固定题目，会根据测评者答题情况衡定测评，进入线上交付系统，通过自适应测试和精密算法的结合，来确保准确的结果分析；2015 年 MY-EVERYTHING DiSC. COM beta 版面世，美国威利公司在中国设立子公司，开通中国代理渠道，开发正版咨询师及讲师的认证课程，《工作环境报告》（Work Place）及《两两报告》中文版同时上线；2017 年线上系统陆续更新，《工作环境报告》、《销售人员报告》（Everything DiSC Sales）、《管理人员报告》（Everything DiSC Management）中文版同时上线，《团队报告》及《诊断报告》中文版持续更新。2017 年，我成为 Everything DiSC 中国的第一批认证导师；2019 年，《团队领导力报告》（Work of leaders）、《冲突解决报告》（Productive Conflict）全部上线……2021 年，我作为 Everything DiSC 中文版的导师及代理正式将这个工具引进中国律师行业。

作为招聘选人的补充

合理有效地使用性格测评工具，可以帮助合伙人在选人时省时省力，精准出击。在招聘过程中使用 Everything DiSC 进行测评，至少能达到以下几个目的：①获得精准画像。对比通过的应聘者与未通过的测评结果，形成岗位精准画像。②应聘者劣汰。通过性格测评识别不匹配岗位需求的应聘者，将时间投入到可能更适合的应聘者身上。③与面试考察相互验证。可以很好地弥补面试官在面试过程中遗漏或者忽视的应聘者深层次的性格特点和长久以来的行为习惯。可以在面试时就性格特点进行补充性发问。

Everything DiSC 性格测评工具是我在招聘过程中常年使用的工具，我会根据测评结果，结合面试情况，匹配招聘岗位的需求，精准选人。例如：

（1）非诉团队或有精准文书要求的岗位，优先选择 C 型人格的应聘者。这类应聘者更注重精准度，对案件细节、数据、客观事实更敏感。相对于其他三个类型的人格，能更有效地完成文书写作及证据整理工作，"完美主义""强迫症"是C型人常有的状态。但C型人往往不苟言笑，缺乏亲和力，对"人"不敏感。

（2）市场、品宣的岗位人员，我会优先选择I型人格的应聘者，这类型人非常享受人与人之间的沟通和交流，在工作上也更善于发现机会，健谈而友善，对"人"的敏感度高，在哪儿都是"气氛组"成员、团队的快乐源泉。如果能给I型人足够闪光的舞台并及时发现他们的优势进行公开表扬，他们就能像太阳一样耀眼，带给团队极好的资源。但I型人有时候不太关注细节、粗线条，所以如果团队管理者让I型人处理细节型文书工作，就会相当费神。

（3）行政团队或业务秘书人员，适合选择S型人的应聘者，他们天生在乎他人，乐于奉献，有耐性、抗压性强，这类人在哪里都是最温暖的存在，他们对团队最大的助力就是他们的善良与包容。但S型人经常会犹豫不决、瞻前顾后，很不愿意作决定。

（4）如果律所或律师团队需要招募管理合伙人，D型人最适合不过，D型人是目标导向的，能掌控全局，遇事果断。如果决定开分所、建团队，有一个D型人格的管理合伙人，就很快能建立首要目标然后落地执行，达成结果。但D型人有时会让人觉得攻击性过强，如果一位新入职场的年轻律师是D型的性格特质，很容易在职场初期受到人际关系的困扰。

在进行变革或重新分配团队时使用

Everything DiSC报告对每种类型的人对团队有哪些有利的支持给予了明确的提示，并特别指出在团队协作中，大家应该根据自己的特质服务团队。如果团队正面临组织调整及任务的重新分派，用好各位成员的

DiSC 报告就很重要。D 型和 I 型的人更愿意接受挑战，相对更能直面困难与新事物，目标感更强，勇于改变。对于他们来说，突破舒适区的快感远远大于舒适区本身，因此如果面临团队重组或人员任务重新分配，D 型人和 I 型人易动性更强。

S 型人和 C 型人更愿意接受稳定和安全的环境。律所搬家安排座位时，可以安排 C 型人和 S 型人坐在相对不会被打扰的、靠墙靠里的位置，给予他们足够的自我调配空间和安全感，他们能更好地发挥工作效能。

由于性格是一种潜意识，对我们的决策风格、人际沟通、职业选择都有重大影响，我们很多人在工作中不快乐、容易和他人发生冲突，一个重要的原因是性格特质与工作要求不匹配。因此选择合适的人放在合适的位置上，除了能力的考察，还需要关注性格特质，这一点在组织变革和人员任免上，都很重要。

作为团队协同发展的工具

解读 Everything DiSC 报告是克服团队协作的五种障碍工作坊中信任建立模块的一个重要练习。将 Everything DiSC 性格测评的结果向全团队成员分享和公示，能快速达成团队成员之间的相互理解与信任。由于性格类型并没有好坏之分，因此报告显示的团队成员之间在行为上的差异是客观而中立的，不带任何偏见，每个人都像在阅读一份由精密仪器检查后出具的体检报告。我经常说："人与人之间并没有那么多价值观的不同，只是因为性格差异导致的行为方式不同而已。"例如，在某一次团队辅导中，合伙人告知我，团队有一位出庭律师，从来不苟言笑，对自己和他人的要求都近乎苛刻，讲话方式也很犀利，旁人很难从她简短明确的语言里感知出任何情绪。尽管她业务能力非常优秀，但团队协同状况并不好，其他团队成员几乎不愿意跟她在一个工作组，这让合伙人非常头疼。在我完成 DiSC 测评辅导后，发现她是一位高 C 值人，这让她自己和团队成员都清晰地意识到，由于性格的偏向性，她就是一个非常关注逻辑、数据、客观事实的人，她内心恐惧与他人交流，让她与陌生人打成一片几乎是不可能的。并不是她天生孤傲或者看不起他人，而是因为性格原因，她只是没有清晰地认识自己。由于对"人"的敏感度较低，她也不曾关注别人眼中的自己。在这一场辅导之后，这位律师意识到加入团队的意义以及她的行为长久以来对团队造成的影响，她真诚地向团队成员道歉，并表示了加入团队协作的意愿。团队成员也从她的报告中了解到她的行为模式与价值观无关，大家都善意解读了她日常的行为。每次 DiSC 辅导课程都会发生这样的奇迹，课程之后团队成员之间仍意犹未尽，相互包容和理解，从而快速建立信任。团队协作的有效达成，有时候只需要一个小小的工具。

"知人者智，自知者明；胜人者有力，自胜者强；知足者富，强行者有志；不失其所者久，死而不亡者寿。"了解 Everything DiSC 性格测评的四种性格特质，可以很好地认识自己与他人在获取信息和作出决策时的倾向性，能在团队协同中相互理解、扬长避短、求同存异。

克服团队协作的
五种障碍工作坊
赋能律师团队

过去十年里，我一直在努力践行克服团队协作的五种障碍理论的内容，力争用这门课程打造一支高绩效、高产出的具有凝聚力的团队。2019 年 11 月，我首次将这门课程以正式版权的方式引入律师行业，并承诺向 10 个真实的律师团队免费开放课程前两天工作坊的引导。接下来的三年，律师行业已经有近 20 个真实的律师团队完成了两天的工作坊课程。这些团队包括头部所某业务板块的全体成员、某超级大所的管委会成员、某一体化律所的权益合伙人团队、某法律服务公司的核心高管团队等。课程之后，这些团队的领导都表达了希望继续采购的意愿，并希望我能在更大的范围内推广这门课程的内容。除了这 20 个团队，天同互联网法律服务团队也长期受益于这门课程。作为克服团队协作的五种障碍工作坊在中国唯一的律师行业的认证讲师，我继续在本书中向律师同仁分享的动力来源，正是基于以上的成功实践。

无论是公司制律所还是提成制律所，单打独斗的律师的生存空间越来越小。因此，我们最关键的、最重要的核心竞争力，并不是我们的法律产品，也不仅仅是我们的律师人才，而是团队协作的有效性。通过本书前几章的内容我们可以看出，打造一支高绩效、高产出的具有凝聚力的律师团队事实上非常困难。

帕特里克·兰西奥尼，在本书中已提到很多次，他正是克服团队协作的五种障碍体系理论的作者，他说："我虔诚地相信，在如今这个信息和变化无处不在的社会，团队协作是仅剩的一项可以持续下去的、有竞争力的优势，而大部分人却忽略了它。"兰西奥尼的 12 本书和所有教学理论都是为了实现团队协作。他认为，团队协作其实并不需要多么高明的智慧，或者大师一般的技巧，关键在于你的勇气和坚持。所以，如果一位合伙人决心打造一支有战斗力和凝聚力的律师团队，其实并不是应该先从团队成员开始，而是应该先从自身开始。

克服团队协作的五种障碍工作坊，英文称"The Five Dysfunctions of a Team"，致力于组织健康的中国企业咨询师们将其简称为"FDT"，这个理论在美国以及全球咨询管理界的地位极高。全球最大的学习组织"美国培训与发展协会"（ASTD）有一本权威书籍《领导力开发手册》，该书涵盖了近一百年来世界最主流的领导力和管理流派的理论，一共九章。第一章是总述，第二章开始作了价值排序，首先是对领导力的解析，收录的是詹姆斯·M. 库泽斯（James MKouzes）和巴里·Z. 波斯纳（Barry Z. Posner）的"领越领导力"理论（我本人也是该课程的中方认证导师），该理论模型为所有领导力学的上位概念，在领导力研究领域的地位相当于《民法典》在民事法律领域的地位；紧接着第三章就是帕特里克·兰西奥尼《克服团队协作的五种障碍》的理论。大家熟知的书籍，比如约翰·科特（John P. Kotter）的《领导变革》、吉姆·柯林斯的《基业长青：企业永续经营的准则》《从优秀到卓越》都放在随后几个篇章中。由此可见，帕特里克·兰西奥尼的理论体系，在全球咨询界占据着重要地位。

帕特里克·兰西奥尼

帕特里克·兰西奥尼是美国圆桌公司的创始人兼总裁。美国圆桌咨询公司成立于 1997 年，是美国著名的咨询管理集团，致力于帮助领导者提升组织健康，打造具有高凝聚力的卓越领导团队，促进绩效改善及跨部门沟通，提高团队成员的参与度与敬业度，透过企业中会议拖沓、人员流失、"部门墙"、办公室政治等现象发现团队协作的五大机能障碍。美国圆桌咨询公司在连续 10 年的时间里，咨询师人均创收在 200 万美元以上。

帕特里克·兰西奥尼不仅是咨询顾问、管理学大师，同时还是畅销书作家和演说家。他不仅是全美五大商业演说家之一，还被《财富》杂志评选为"你应该知道的十大新锐管理大师"。帕特里克·兰西奥尼 2022 年才步入花甲，因此曾一度被美国创新领导力中心（CCL）认定为近当代领导力大师中最年轻的一位。2022 年年初他作为全球领先 CEO 发展机构伟事达国际演讲人出席了中国地区的演讲，笑称自己一直在等"本命年"。

自 1998 年起，帕特里克·兰西奥尼一共写过 12 本书，他早期出版的书都以负面词命书名，例如《CEO 的四大迷思：健康组织应遵循的原则》《CEO 的五大诱惑：领导者应警惕的人性弱点》《破除藩篱：如何让部门之间不扯皮》《他为什么不满意：让员工满意工作的三条黄金法则》《职业家庭的三大问题》等。我在前文介绍会议时引用的著作《该死的会议：如何开会更高效》就因为书名的原因造成滞销，后不再被任何出版社出版。发现这个问题后，帕特里克·兰西奥尼于 2006 年 9 月全球出版了一本关于 CEO 凯瑟琳如何在逆境中组建核心高管团队、力挽狂澜的商业小说——《团队协作的五大障碍》，该书近二十年来是全美畅销书排行榜上的常客，至今仍不停加印。由于《团队协作的五大障碍》帮助了非常多的陷入团队管理泥淖的企业家、管理者，他们纷纷向帕特里克·兰西奥尼要求将书里的内容转化成课程形式，继续指导组织发展。于是，帕特里克·兰西奥尼出版了《团队协作的五大障碍》的指导书籍——《克服团队协作的五种障碍：领导者、经理人、培训师的实用指南》。从这本书开始，《克服团队协作的五种障碍》就成为一门可以被认证、被传承的版权课程，由美国威利公司采购了版权，开启了全球导师认证的历程。后来，帕特里克·兰西奥尼在此基础上又陆续出版了《理想的团队成员：识别和培养团队协作者的三项品德》《示人以真：健康组织这样开展业务》，以及最终将以上所有理念和美国圆桌咨询公司的管理咨询实践相结合的优秀管理学著作，也是帕特里克·兰西奥尼的巅峰之作——《优势：组织健康胜于一切》。

我第一次读《优势：组织健康胜于一切》这本书的英文版是在2010年某次领导力论坛上，在一群致力于组织健康的中国咨询师的共同努力下，这本书被汉化并逐渐在中国传播。直到2013年，组织健康的概念被中国企业接受，逐渐成为公司的战略框架。在后来的五年间，我所任职的企业都开展了非常多以此为主题的工作坊，用书中介绍的方法召开会议，一丝不苟地按照书中的框架制定各个层级的战略白皮书、战略锚、主题目标，同时用团队协作五种障碍的模型，在团队成员之间建立信任、掌控冲突、相互承诺、共担责任、聚焦目标。我第一次将其引入律师行业，是在2018年年底完成全球导师认证课之后，我将这个理论与律师行业作为专业服务组织的特质相结合，打造了"中国律师版"的课程，在这个理论下，帮助律师同仁逐渐意识到团队协作的强大功能；在刻意练习的基础上，识别团队及团队现状，解决多年积累的团队效能低下的问题，在一遍遍重复中，我自己的富足感和成就感都得到了极大的满足。

克服团队协作的五种障碍工作坊的具体内容

首先我们了解一下什么是工作坊（Workshop）？这个词最早出现在教育与心理学的研究领域。20世纪60年代，美国当代风景园林设计大师劳伦斯·哈普林（Lawrence Halprin）将工作坊引进实践，用于争论都市计划或对社区环境议题进行讨论时，作为一种鼓励参与、创新以及找出解决对策的沟通方法。后来工作坊被企业管理咨询者改造，成为可以为各种不同立场、族群的人们提供思考、探讨、相互交流的方式。

工作坊是场景浸润式学习，需要参与者用工作状态谈论和自己相关的内容，在接受知识、信息的同时，感受场域的影响。在工作坊里，只有引导师，没有授课讲师。

克服团队协作的五种障碍工作坊指导一个真实团队通过体验一些强有力的练习来帮助团队成员在团队的五项基本要素方面得到提升，这五项练习是分别关于信任、冲突、承诺、责任和结果的活动。工作坊不仅仅是提升团队有效性的使用工具，也不是让参与者简单地学一些提升团队效能的理论，而是通过工作坊的真实链接，让团队朝着成为一个更高能效的团队迈出坚实的第一步。

团队协作有哪五大障碍？

障碍 1：缺少信任的团队成员有以下表现

（1）隐藏自己的弱点，掩盖自己的错误，害怕受到指责而不愿意请求团队其他成员的帮助，出现差错后不是解决问题，而是"洗白"自己，从不向别人道歉，也不接受别人的道歉；

（2）不愿向别人提出建设性的反馈意见，把所有对团队成员的质疑集中到合伙人，经常"打小报告"，希望由合伙人出面解决矛盾；

（3）"拿多少钱干多少活"，不愿为团队提供自己职责之外的帮助；例如认为搬家就是行政部的事儿，写公众号就是市场部的事儿，招聘出问题就是人力部门的事儿，多干一点都感觉自己"吃亏"；

（4）轻易对团队其他成员的意图与态度作恶意解读，不愿努力去澄清事实真相，对大部分事情充满抱怨与不满；把时间花在投机取巧上，把过多的时间放在揣摩合伙人的意图上，而不是直面问题本身；

（5）不愿意进行知识分享，不关注团队整体利益，更不愿意去学习或认可其他团队成员身上的技能和优点，把所有的时间放在追求自己个人的目标之上；

（6）惧怕开会、团建和任何需要团队成员在一起的集体活动，尽量减少和团队成员在一起的时间。

针对这个障碍，方法是通过练习"建立信任"。通常我们说的"信任"是一种预期性的信任，也就是基于对某人过去经历的验证而产生的信任。例如"这个案子交给他我放心""这件事他做没问题的"等，而帕特里克·兰西奥尼强调，团队的信任是"基于弱点的信任"。示弱可以避免强势争斗，建立安全感。在工作坊中，我会保护场域的安全性，让团队成员在心理安全的场域下，完成个人经历练习、分享性格测试报告等。这时候，不管你的头衔多醒目、执业时间有多长，所有人都是平等的，可以充分表达与沟通。成年人都有不同程度的自我保护意识，所以建立信任的关键因素并不是时间，而是勇气。

障碍2：惧怕冲突的团队成员有以下表现

（1）团队会议非常枯燥，常常一团和气，团队成员以流水账的形式向合伙人汇报，没有探讨、沟通和反馈；

（2）在团队会议或案件沟通中，所有人都因为某些自私的原因，避免讨论容易引起争论的敏感话题，而这些话题恰恰都是对案件或团队成功非常必要的；

（3）团队成员之间有意见或矛盾当面不说，背后乱说，"走廊政治"猖獗，团队成员无法听取批评，将他人的不同意见直接归咎于私人恩怨，进行人身攻击；

（4）团队成员不把时间放在提升业务能力、案件分析或案源拓展上，而把时间精力浪费在故作姿态取悦别人、规避人际关系风险、探索他人心理活动等方面。

针对这个障碍，我们要敢于掌控冲突。"团队冲突"指的是积极有效的意识形态的冲突，是在讨论重要问题和作关键决策时，团队成员愿意表达不一致的意见，甚至在必要时进行激烈的争论，这是多种意见和观点的有效交流，这种交流是专注的、有效率的、毫无保留的。对于表面上一团和气但实际上有冲突甚至私底下进行人身攻击的行为，可以通过工作坊让大家了解"冲突轴"的概念，并分享每个人的冲突耐受度，在此基础上共创《冲突契约》。团队成员在契约之下达成共识，通过公开问题，激发良性冲突，从而善意直言。解决了第一个信任障碍之后，这种氛围也更容易实现。

障碍3：欠缺投入的团队成员具有以下表现

（1）对团队业务发展方向与优先要做的事项模糊不清，所以经常出现不必要的拖延；

（2）团队成员特别是实习律师缺乏自信，惧怕失败，对挑战性工作能躲就躲；

（3）开会反复讨论一个案子或一个项目，但都无法作出最终的有建设性的决定；

（4）团队成员对已经作出的决定/决策反复质疑，经常挑战或不遵守已确定的决议。

针对这个障碍，方法是让团队勇于作出承诺和行动。"团队承诺"是指，在团队中，团队成员们在充分表达和争论之后，虽然结论可能与个人意见不一致，但仍然会承诺支持和坚决执行团队的决定。因此，如果缺乏共识，大家不会真正承诺和执行团队作出的决议，甚至为了证明自己是对的反其道而行。因此，团队要能建立通畅的沟通渠道，让团队成员"被看到、被听到、被感知到"，并通过及时澄清问题以达成共识。团队成员之间应该避免出现对决议的猜测和含糊不清的解释，在讨论结束的时候，应该明确理解会议所作出的决定，认同并不要求全体一致同意。卓越团队的成员们会明白，即使互相之间存在不同意见，也可以对某个决议作出承诺。缺乏承诺是对组织极大的危害。

障碍4：逃避责任的团队成员具有以下表现

（1）团队成员之间对团队的业绩标准不清晰，相互嫉妒，对于团队里工作表现突出的优秀成员心怀怨恨；

（2）甘于平庸，缺少上进心，对自己和组织都没有更高期待，得过且过；

（3）缺乏明确的时间观念，总是因拖延而错过机会；

（4）到期无法完成团队或客户交办的任务，或很难达成 OKR 及业绩指标；把案件的胜负及客户维护的责任全部压在合伙人一个人身上，贪功诿过。

针对这种障碍，方法是让团队成员共同担责。团队中非自己负责的工作出现问题，出于"不插手别人地盘的事情"或者顾及别人面子的心态，更容易选择袖手旁观。而共同担责意味着为了团队的共同目标，发挥同伴的力量，团队成员之间相互提醒、提供帮助与支持。这就要求合伙人不要当"居委会大妈"或者"争议解决中心"，工作坊会让团队成员通过团队有效性练习，直接、真实、坦率地指出团队成员的优劣势。在强有力的团队中，责任存在于同事间。与来自团队领导者的责罚相比，来自同事的责备和压力更能激励团队成员。

障碍5：无视结果的团队成员具有以下表现

（1）团队创收和胜诉率停滞不前，无法取得进步；

（2）无法战胜律师同行，总是被超越，优秀的人才相继离开；

（3）某些成员鼓动其他人要注重个人职业前途和目标，不要绑定该律所或律师团队；团队很容易解体。

评价一个团队是否卓越，真正的标准就是团队是否获得了之前设定的团队目标应达成的结果。针对这个障碍，方法是要求团队成员关注整体的结果，厘清"第一团队"的概念，避免对团队结果产生干扰，促使团队成员将团队业绩放到个人业绩之上，让大家定期、可视化地跟踪团队的结果。

什么样的团队适合做克服团队协作的五种障碍工作坊？

克服团队协作的五种障碍工作坊，相当于对现有团队进行一次手术，在没有做好足够的术前准备之前直接进入工作坊，不但不会对团队协作的达成产生有利的引导，反而很容易让团队分崩离析。每次在接受某团队的工作坊邀约前，我都会对该团队做详细的调研工作，并完成Everything DiSC 的报告和《团队协作报告》，同时确保合伙人明确认同克服团队协作的五种障碍的理论，团队符合工作坊参与的主体要求。

（1）首先，这必须是一支真实的团队：由 3～12 个人组成，具有共同的目标，相互承担责任。团队里只有至多 2 个汇报层级，1 位领导者；

（2）团队所有成员已经一起工作 2 个月及以上；

（3）团队所有成员提前阅读《优势：组织健康胜于一切》《团队协作的五大障碍》这两本书，认同书中关于团队、团队协作的理念和要求；

（4）合伙人愿意在团队成员面前放下骄傲和恐惧，相信组织健康带给团队的价值；

（5）确保团队所有成员能全员参与，中途不能请假。

要完全符合以上要求并不容易，虽然已经有近 20 个团队完成了工作坊课程，但事实上因不符合以上条件不能参加工作坊的团队数量，是这个的 4 倍。该课程的理论原点是律所主任或合伙人，也就是团队领导者。帕特里克·兰西奥尼说："团队协作是一种选择而非一种美德。"只有团队领导者真正明白并期待打造一支高绩效、高产出的具有凝聚力的律师团队时，无论是团队协作理论还是领先人力资源管理技术的落地，才有实现的可能。只有团队领导者愿意放下骄傲和恐惧，保持谦逊的品质，才能让团队朝着最伟大的目标前行。

参考文献

一、中文著作

陈少文：《心能转境》，吉林人民出版社 2017 年版。

蒋勇：《每周蒋讲：律所的管理》，中国政法大学出版社 2019 年版。

杨国安：《组织能力的"杨三角"：企业持续成功的秘诀》，机械工业出版社 2010 年版。

李祖滨、刘玖锋：《精准选人：提升企业利润的关键》，电子工业出版社 2017 年版。

李祖滨、胡士强：《股权金字塔：揭示企业股权激励成功的秘诀》，中信出版社 2018 年版。

李祖滨、汤鹏、李志华：《345 薪酬：提升人效跑赢大势》，电子工业出版社 2019 年版。

李祖滨、胡士强、陈琪：《重构绩效：用团队绩效塑造组织能力》，机械工业出版社 2019 年版。

李祖滨、刘玖锋：《找对首席人才官：企业家打造组织能力的关键》，机械工业出版社 2020 年版。

李祖滨、汤鹏：《聚焦于人：人力资源领先战略》（第 2 版），电子工业出版社 2020 年版。

李祖滨、汤鹏、李锐：《人才盘点：盘出人效和利润》，机械工业出版社 2020 年版。

李祖滨、汤鹏：《人效冠军：高质量增长的先锋》，机械工业出版社 2020 年版。

李祖滨、陈媛、孙克华：《人才画像：让招聘准确率倍增》，机械工业出版社 2021 年版。

李祖滨、李锐：《3 倍速培养：让中层管理团队快速强大》，机械工业出版社 2022 年版。

顾建党、俞文勤、李祖滨：《数商：工业数字化转型之道》，机械工业出版社 2020 年版。

二、译著

〔美〕埃德加·沙因、〔美〕彼得·沙因：《谦逊领导力：关系、开放与信任的力量》，徐中、胡金枫译，机械工业出版社 2020 年版。

〔美〕彼得·德鲁克：《管理的实践》，齐若兰译，机械工业出版社 2018 年版。

〔美〕比尔·康纳狄、〔美〕拉姆·查兰：《人才管理大师：卓越领导者先培养人再考虑业绩》，刘勇军、朱洁译，机械工业出版社 2016 版。

〔美〕戴维·尤里奇：《人力资源转型：为组织创造价值和达成成果》，李祖滨、孙晓平译，电子工业出版社 2015 年版。

〔美〕戴维·尤里奇、〔美〕韦恩·布罗克班克、〔美〕乔恩·扬格、〔美〕迈克·尤里奇：《高绩效的 HR：未来的 HR 转型》，朱翔、吴齐元、游金等译，机械工业出版社 2020 年版。

〔美〕道格拉斯·麦格雷戈、〔美〕乔·卡彻·格尔圣菲尔德：《企业的人性面》，韩卉译，浙江人民出版社 2017 年版。

〔美〕大卫·梅斯特：《专业服务公司的管理》，吴卫军、郭蓉译，机械工业出版社 2018 年版。

〔美〕杰克·韦尔奇、苏茜·韦尔奇：《赢》，余江、玉书译，中信出版集团 2017 年版。

〔美〕吉姆·柯林斯：《从优秀到卓越》，俞利军译，中信出版社 2019 年版。

〔美〕吉姆·柯林斯、〔美〕杰里·波勒斯：《基业长青：企业永续经营的准则》，真如译，中信出版集团 2019 年版。

〔美〕吉姆·柯林斯：《飞轮效应：从优秀到卓越的行动指南》，李祖滨译，中信出版社 2020 年版。

〔美〕拉斯洛·博克：《重新定义团队：谷歌如何工作》，宋伟译，中信出版社 2019 年版。

〔英〕马修·萨伊德：《多样性团队》，季丽婷译，天津人民出版社 2021 年版。

〔美〕派特里克·M. 兰西尼奥：《他为什么不满意：让员工满意工作的三条黄金法则》，洪燕译，东方出版社 2010 年版。

〔美〕帕特里克·兰西奥尼：《克服团队协作的五种障碍：领导者、经理人、培训师的实用指南》，凌丽君译，电子工业出版社 2011 年版。

〔美〕帕特里克·兰西奥尼：《该死的会议：如何开会更高效》，陈佳伟译，中信出版社 2013 年版。

〔美〕帕特里克·兰西奥尼：《优势：组织健康胜于一切》，高采平译，电子工业出版社 2016 年版。

〔美〕帕特里克·兰西奥尼：《团队协作的五大障碍》，华颖译，中信出版社 2013 年版。

〔美〕帕特里克·兰西奥尼：《示人以真：健康组织这样开展业务》，刘向东、刘慧侬译，电子工业出版社 2019 年版。

〔美〕帕特里克·兰西奥尼：《CEO 的五大诱惑：领导者应警惕的人性弱点》，苏进译，电子工业出版社 2016 年版。

〔美〕乔恩·R. 卡曾巴赫等：《团队的智慧：创建绩优组织》，侯玲译，经济科学出版社 1999 年版。

〔美〕威廉·莫尔顿·马斯顿：《常人之情绪：DISC 理论原型》，李海峰、肖琦、郭强译，电子工业出版社 2018 年版。

〔美〕沃伦·本尼斯、〔美〕帕特里夏·沃德·比德曼：《七个天才团队的故事》，张慧倩译，浙江人民出版社 2016 年版。

〔美〕沃伦·本尼斯：《成为领导者》，徐中、姜文波译，浙江人民出版社 2016 年版。

〔美〕沃伦·本尼斯、〔美〕史蒂文·B. 桑普尔、〔美〕罗布·阿斯加尔：《领导的艺术与冒险：失败、复原力和成功》，胡金枫译，北京大学出版社 2017 年版。

〔美〕伊莱恩·碧柯：《美国培训与发展协会领导力开发手册》（修订本），徐中、占卫华、刘雪茹译，电子工业出版社 2015 年版。

〔美〕约翰·P. 科特：《领导变革》，徐中译，机械工业出版社 2014 年版。

"一个不成熟的人的标志是他愿意为了某个理由而轰轰烈烈地死去，而一个成熟的人的标志是他愿意为了某个理由而谦恭地活下去"——这是《麦田里的守望者》里的名句，不惑之年的我，深以为然。

本书大部分章节的文稿都撰写于 2020 年 10 月之前，直到今天已两年有余。这期间我接受了蒋勇律师的邀请，任北京天同律师事务所的首席人力资源官，这是律师行业现今为止第一个也是唯一一个专门设给人力资源专职人员的最高职位了。感谢蒋勇律师的赏识，这不仅是对我个人的信任与认可，也是他对律所人力资源管理重要性最朴素的认知。

蒋律师在说服我加入天同时曾说："只要你自己想去干的事，你就去干，别犹豫，唯有这样，你才能体验一种没有遗憾的人生"，正是这番鼓舞，处于徘徊犹豫阶段且身为一介"俗人"的我毅然决然放弃了律师职业，以一名职业经理人的身份跟随他砥砺前行。2022 年农历九月初一，我站在他的墓碑前，凤凰岭公墓层峦叠嶂，聚气藏风，恰逢那天阳光明媚，葱茏郁茂，我点上一炷香，终于说出了这两年最想和他说的一句话"蒋律，您真的放了我人生中最大的一只鸽子"。

和北京大学出版社谈合同的时候，我唯一提出的要求是希望本书能在 12 月 19 日出版，对于我而言，每年的这天，才算是我心中蒋律的祭日——2020 年 12 月 19 日，那是我见到他的最后一天。

纪念一个人最好的方式，就是继续完成他未完成的事业。我正在努力践行。

这几年，我带过大大小小的团队，也学习了包括教练技术、引导技术、团队管理、组织发展等全球领先的课程。2014 年做律师之后，我把我在企业里学习到的人力资源管理经验和团队管理经验运用到律师行业，时间长了，我就想写本书，团队成员一人一本，作为团队的管理手册，这样我们就有共同的工作语言，有类似的工作三观，我们的工作效率就会更高，更快速一致地达成目标。这个心愿先是以短篇文章的形式刊载在我个人的公众号"律智非凡"上，可最后成书的动因，竟然是这份心愿的"溢出价值"——就是给到行业中有人力资源和团队管理需求的同行带来的价值，刚需之足，是我未曾预料的。

当年写公众号时，还算年轻气盛，又借着同行的多加"吹捧"，使得文风异常犀利，"不害怕、不要脸"的心态跃然纸上，以至于整理书稿时，近乎重写。如果说 2022 年上海新冠肺炎疫情给我带来的最大利好，就是潜心"重写"书稿，并深刻反思自己是否缺乏对管理学的敬畏之心，也深切感受到了同行读者对我的包容和理解。

本书书名的确定是李祖滨老师、王峰主任、陈岩主任等好友多轮探讨的成果，英文名"A Way to Lawyer's Excellency"的确认是陈秀玲律师团队伙伴李庆智慧的结晶。这本书不仅是我十余年企业人力资源管理经验和六年律师团队管理经验的理论和实践集成，也依赖于行业内各位好友的经验贡献。尤其是加入天同后，让自己在律师行业操盘的组织从十几个人的小团队直接晋升为一个规模型的百人大组织，这个蜕变使得我的理论与实践结合的成果有了飞跃。因此修订后的成稿，相较于之前公众号连载的内容，在理论层面有更多的迭代，在工具运用方面也增加了相当的可实操性。

相较于全球而言，中国律师的管理阶段，还处在"草莽期"，江湖气息重、哥们儿义气浓，对"人"的依赖度高，普遍缺少科学可行的制度流程及管理经验与方法。虽然我坚信，管理学是人学，我们必须要了解自己和团队其他人，"世事洞明皆学问，人情练达即文章"，我们要强调"人"和"情商"的重要性，但这和"人治"是两码事。

成功学不能用结果反推当初所作所为都是对的，也不应该以现在的成功来推测未来依旧适用，这在逻辑上不成立。市面上虽然也有很多管理学、成功学的书籍，但是我相信即使是从最好的商学院的 MBA 毕业，如果没有商业实践，通用管理能力也是极其有限的。因此，我一直不断从律师行业领先律所、企业优秀组织和经典的书籍中获得能量与养分，同时我在实践中不断修正自己的研究成果。幸运的是，无论是之前在企业中从事人力资源高级管理职务，还是作为 CHO 有自己的 HRBP队伍，以及现在回归业务团队继续当合伙人，我一直都在前线战斗，每个阶段都有一个属于自己的真实团队不断实践。特别感谢我合作了七年的搭档邹晓晨律师及天同互联网团队的所有小伙伴们，他们在前行和成长的路上给予我管理经验的回馈以及我个人领导力的提升，这是一份珍贵的礼物。

本书的成文略显匆匆，相关内容仍需要经过不断的实践才能更为精准，今年的律师行业受疫情影响，整体创收下滑，"内卷"现象严重，因此无论是律所管理还是团队管理，还是需要更多的基于市场大环境而适时作调整，管理不是一成不变的，需要迭代、更新及回顾。

本书要感谢的人很多，当我不能一一回馈时，我大概只能用未来更加孜孜不倦的行动和精益求精的心态去面对每一次咨询、每一场讲座、每一堂公开课，并为下一本书的出版做好更扎实的理论和实践准备。

最后谢谢爸爸妈妈，赋予我生命，并能包容及理解我将近二十年的漂泊，支持我坚持做我喜欢并热爱的一切事情。

徐菲繁

2022 年 11 月 13 日写于西双版纳